Inhaltsverzeichnis

1. Im Anfang schuf Gott (Gen 1 – 2)
2. Müssen wir uns die Erde untertan machen? (Gen 1,28)
3. … aus der Rippe des Mannes geschaffen? (Gen 2,21-22)
4. Hat Gott »Lieblingskinder?« (Gen 4,1-16)
5. Ist Gott bösartig? – Die Sintflutgeschichte (Gen 6 – 9)
6. Lässt Gott mit sich handeln? (Gen 18,16-33)
7. Unser Liebstes opfern? (Gen 22)
8. Warum erzählt die Bibel Vergewaltigungsgeschichten? (Gen 34 u. a.)
9. Wie kann man das Ersaufen der Ägypter loben? (Ex 15)
10. Ein eifersüchtiger Gott, der die Schuld der Ahnen bis in die vierte Generation verfolgt? (Ex 20,5-6)
11. »Auge um Auge, Zahn um Zahn«. Ein Gott der Rache? (Ex 21,22-24)
12. Wider störende und störrische Frauen (Ex 22,17)
13. Warum soll Homosexualität ein Gräuel sein? (Lev 18,22)
14. Befohlene Liebe? (Lev 19,18)
15. Die Landnahme – ein Stolperstein für meinen Glauben? (Jos 6,16-17)
16. Warum darf Jiftach seine Tochter opfern? (Ri 11,29-40)
17. Wie kann ein Prophet 450 Gegner abschlachten? (1 Kön 18)
18. Warum ist Judits Meuchelmord zu loben? (Jdt)
19. Keine Antwort für Ijob? (Ijob)
20. »Wirst du an den Toten Wunder tun?« (Ps 88,11-12)
    Zur Frage der Auferstehung der Toten nach dem Alten Testament
21. Wie kann man Kindermord selig preisen? (Ps 137,8-9)
22. Drogen gegen die Not? (Spr 31,6-7)
23. Auch für Männer zu lesen! (Spr 31,10-31)
24. Was haben ganz profane Liebeslieder in der Bibel zu suchen? (Hld)
25. Spricht die »Menschensohnvision« Daniels von Jesus? (Dan 7)
26. Jona stolpert (Jona)
27. Hat Jesus den Frieden oder das Schwert gebracht? (Mt 10,34)
28. Vaterlose Kirche? (Mt 23,9)
29. Wieso geben die klugen Jungfrauen den anderen nichts von ihrem Öl ab? (Mt 25,1-13)
30. Was passiert mit dem Mann, der sein Talent vergraben hat? (Mt 25,14-30)
31. Selbstverfluchung der Juden? (Mt 27,25)
32. Warum werden nicht alle geheilt? (Mk 1,32-34a)
33. Ist die syrophönizische Frau ein Hund? (Mk 7,24-30)

34. Hat Jesus die Ehescheidung verboten? (Mk 10,2-12)
35. Haben Reiche eine Chance auf das Himmelreich? (Mk 10,17-27)
36. Apokalyptische Bilder – eine sinnlose Angstmacherei? (Mk 13)
37. Was ist mit den 99 gewöhnlichen Schafen? (Lk 15,3-7)
38. Lobenswerter Betrug? (Lk 16,1-8)
39. Was sollen die Weherufe über Schwangere und Stillende? (Lk 21,23-24)
40. Warum lässt Jesus Judas ins Messer laufen? (Lk 22,22)
41. Was passiert mit dem Schächer, der nicht bereut? (Lk 23,39-43)
42. »Worte wie leeres Geschwätz« – Was passiert mit der Osterbotschaft der Jüngerinnen Jesu? (Lk 24,11)
43. Absolutheitsanspruch des Christentums? (Joh 14,6)
44. Ist das Gesetz unerbittlich? (Joh 19,7)
45. Ist die Frau Abglanz des Mannes? (1 Kor 11,2-16)
46. Sollen die Frauen im Gottesdienst schweigen? (1 Kor 14,26-40)
47. Haben die Juden Jesus und die Propheten getötet? (1 Thess 2,15)
48. Sollen sich Christinnen und Christen den »Herrschern und Machthabern« unterordnen? (Tit 3,1)
49. Wie kann Leiden eine Gnade Gottes sein? (1 Petr 2,18-25)
50. »Krieg der Sterne« in der Bibel? (Offb)
51. Jerusalem: himmlisch oder irdisch? (Offb 21 – 22)
52. Lies nicht so, sondern …

Vorwort

Vielfältig und unübersichtlich wie das Leben, so ist auch die Bibel. Sie birgt Texte von unvergleichlicher Schönheit und ungebrochener Hoffnungskraft. Sie bietet Worte für die Freude ebenso wie für die Trauer, sie erhebt ihre Stimme gegen Unrecht und Unterdrückung, sie erzählt Geschichten, die heute ebenso sprechen wie damals. Sie enthält aber auch Schockierendes, Irritierendes, Widersprüchliches und schlichtweg Unverständliches. Gründe dafür, dass wir über biblische Texte »stolpern«, gibt es viele. Die Bibel ist zu anderen Zeiten und in einer anderen Kultur entstanden als die, in der wir heute leben. Zahlreiche ihrer Eigentümlichkeiten lassen sich mit Hilfe von Hintergrundinformationen besser einordnen. Manche Bibelstellen wurden im Laufe der Geschichte aus ihrem Zusammenhang gerissen und dadurch missverstanden. In solchen Fällen hilft es schon, die Texte wieder in ihren Zusammenhang einzuordnen. Auf etlichen Texten schließlich lastet eine jahrhundertealte Auslegungsgeschichte, die ihrerseits Opfer gefordert hat. Da gilt es, den Texten selbst gegenüber ihrer Auslegung zu ihrem Recht zu verhelfen. Und bei einigen Texten werden trotz aller Erklärungsversuche am Schluss noch Fragen offen bleiben. Damit müssen wir leben.

Wir haben für dieses Buch 52 solcher schwieriger Texte ausgesucht – für jede Woche des Jahres einen. Denn das Buch geht auf eine Artikelserie im Jahr der Bibel 2003 zurück, die in einer Zusammenarbeit zwischen dem Schweizerischen Katholischen Bibelwerk und der Arbeitsgemeinschaft der Deutschschweizer Pfarrblätter (ARPF) entwickelt wurde. In wöchentlicher Folge sollten auf kleinem Raum und in verständlicher Sprache Bibeltexte erklärt werden, die aus verschiedenen Gründen Menschen zum »Stolpern« bringen. Dafür haben wir eine Reihe bibelwissenschaftlich versierter Autorinnen und Autoren gebeten, uns zu schreiben, wie sie mit diesen Texten umgehen. Die Auslegungen sind so unterschiedlich geraten wie die Autorinnen und Autoren selbst. Keiner der Beiträge erhebt den Anspruch, umfassend oder gar erschöpfend zu sein. Auf Grund der gebotenen Kürze wird mancher Aspekt offen, manche Frage unbeantwortet bleiben. Dadurch machen sie sich angreifbar und anstößig. Viel mehr als um ein »so ist es und nicht anders« geht es darum, eine Richtung für das Verständnis zu weisen und Denkanstöße zu bieten. Im Hintergrund steht eine Bibellektüre, die in einen Dialog mit den biblischen Texten tritt. Wir sind überzeugt, dass die Texte damals in Auseinandersetzung und im Dialog mit den Fragen ihrer Zeit entstanden sind, dass sie Fragen stellen, Antworten geben oder auch widersprechen – und dass sie deshalb bis heute dazu einladen, uns in diese Fragen, Antworten und Widersprüche einzumischen und unser Leben mit den Texten ins Gespräch zu bringen.

Einen zweiten Zugang zu den Texten bietet der Luzerner Fotograf Mathias Walther mit seinen Bildern. Er hat sich unabhängig von den Erklärungen der Autorinnen und Autoren seine Gedanken zu den biblischen Texten gemacht und sie mit seiner Kamera ins Bild gesetzt. Herausgekommen sind eigenwillige, ungewöhnliche Bilder von großer Ausdruckskraft, die ihrerseits Anlass zum Nachdenken geben.

Aber weder die Erklärungen noch die Bilder ersetzen die Lektüre der biblischen Texte selbst. Deshalb möchten wir mit diesem Buch vor allem auch dazu einladen, zur Bibel zu greifen und die Texte in ihrem Zusammenhang zu lesen. Bei den meisten der Artikel sind größere Textabschnitte zur Lektüre vorgeschlagen. Einen kleineren Abschnitt daraus haben wir bei jedem Artikel zitiert. Es sind die Sätze, die das »Problem«, um das es geht, vielleicht am Deutlichsten auf den Punkt bringen.

Die Auswahl der Textstellen ist weder umfassend noch ausschließend. Mit Leichtigkeit würden andere Herausgebende 52 andere Bibelstellen zum Stolpern finden. Wichtig war uns, dass Altes und Neues Testament etwa in gleichem Umfang vertreten sind. Und unabdingbar war für uns auch das ökumenische Gespräch, sodass Sie in diesem Buch neben einem jüdischen Autor christliche Autorinnen und Autoren aus verschiedenen Konfessionen versammelt finden.

Nun bleibt uns, Ihnen eine anregende, informative und inspirierende Lektüre zu wünschen.

Zürich und Bern, im Juli 2003
Die Herausgeber

"Wehe dem Menschen, welcher meint, dass die Tora uns Erzählungen der Welt, törichte Geschichten erzählen will.«
Diese Aussage zum Wesen der Bibel ist dem Buch »Sohar«, einem mystischen Bibelkommentar aus dem 13. Jahrhundert, entnommen. Besonders in unserem Zeitalter, dessen Weltbild von der Wissenschaft geprägt ist, eröffnet uns diese Aussage neue Zugänge zur Schöpfungsgeschichte, die weit über das wortwörtliche Verständnis hinausgehen. Die Bibel im Allgemeinen und die Schöpfungsgeschichte ganz besonders – so ist der Kommentar des Sohars zu verstehen – will uns in keiner Art und Weise Informationen geschichtlicher oder gar naturwissenschaftlicher Art vermitteln.

Vom ersten Satz der Bibel an geht es vielmehr um die Frage, woher der Mensch komme und wohin er gehe und nach welchen Maßstäben er das Leben gestalten solle.

> **STOLPERSTEIN 1**
> **Im Anfang schuf Gott**
> Im Anfang schuf Gott Himmel und Erde; die Erde aber war wüst und wirr, Finsternis lag über der Urflut, und Gottes Geist schwebte über dem Wasser. Gott sprach: Es werde Licht. Und es wurde Licht.
> (Gen 1,1-3)

Wenn der gläubige Mensch die Worte »Im Anfang schuf Gott« hört, sieht er sich einer absolut anderen, außerhalb der Welt existierenden Wirklichkeit gegenüber, die unabhängig von ihm existiert und von der er sich in Frage stellen lässt.

Raschi, der berühmteste jüdische Bibelkommentator (10./11. Jahrhundert), erklärt den ersten Satz der Tora auf Grund einer genauen Lektüre der drei ersten Verse wie folgt: »Der erste Vers will nicht die Reihenfolge der Schöpfung lehren, um zu sagen, dass Himmel und Erde zuerst erschaffen wurden.« Der erste Vers ist eigentlich ein Nebenvers. Der Hauptsatz lautet: »Und Gott sprach: Es werde Licht, und es ward Licht.«

Das Licht, um das es hier geht, ist laut Raschi nicht das physische, sondern jenes geistige Licht, welches Ordnung in die Welt bringt. Eigentlich ist die Tora, die göttliche Lehre, dieses Licht. Oder auch unser Handeln in ihrem Sinn und Geist. Dieses dem menschlichen Auge zunächst verborgene Licht in sich selbst und in der Welt sehen zu lernen und es zum Leuchten zu bringen ist unsere Aufgabe als Menschen. Wenn wir sie erfüllen, können wir Partner des Schöpfers werden.

Michel Bollag

STOLPERSTEIN 2
Müssen wir uns die Erde untertan machen?

Gott segnete die Menschen, und Gott sprach zu ihnen: »Seid fruchtbar, und vermehrt euch, bevölkert die Erde, unterwerft sie euch, und herrscht über die Fische des Meeres, über die Vögel des Himmels und über alle Tiere, die sich auf dem Land regen.«
(Gen 1,28)

Die Ausdrücke, die wir in Gen 1,28 mit *untertan machen, unterwerfen* oder auch *beherrschen* übersetzen, klingen im Hebräischen noch viel schrecklicher. Eigentlich müsste man sie mit *niedertreten, zerstampfen, zertreten* übersetzen. Sie entstammen der babylonischen und ägyptischen Hofsprache, in der die altorientalische Königsideologie nachklingt: Könige haben ihre feindlichen Heere niedergetreten. Man darf annehmen, dass diese Ausdrücke damals schon nicht mehr wörtlich genommen wurden; sie wollten ganz einfach die mächtige Überlegenheit der Könige zum Ausdruck bringen.

Das *Königliche* darf durchaus mitklingen, wenn es Gen 1,28 heißt: »... macht euch die Erde untertan. Herrscht über die Fische des Meeres und über die Vögel des Himmels und über alles Getier ...!« Nur müssen wir wissen, dass das Alte Testament die Ausdrücke zwar beibehält, das Königtum aber in einem ganz anderen Licht sieht, nämlich im Licht Gottes, des *guten Hirten*, der für seine Herde sorgt, sie auf guten Auen weiden lässt, das Verlorene sucht usw. (vgl. Ez 34; Ps 23 u.a.).

Im Zusammenhang von Gen 1 ist noch auf Folgendes aufmerksam zu machen: Auf all dem, was sich der Mensch untertan machen soll, auf allen Tieren, über die er herrschen soll, liegt der *Segen Gottes* (vgl. Gen 1,22), und auch die Menschen, denen Gott den königlichen Auftrag des Herrschens gibt, werden von ihm gesegnet (Gen 1,28). Das heißt doch, dass alles Geschaffene, Menschen und Tiere und gar alles, zur Fülle des Lebens gelangen soll, und dass der Mensch im Dienste dieses Lebens steht.

Und ein Letztes: Vom »Projekt« Gottes spricht Gen 1,26 so: »Lasst uns den Menschen machen nach unserem Bild, uns ähnlich! Sie sollen herrschen über die Fische im Meer...« Ganz offensichtlich sollen Menschen auch *nach dem Bilde Gottes herrschen*, sollen mit den Fischen des Meeres, mit dem Vieh und den wilden Tieren *gott-ähnlich umgehen*.

Wenn wir das *Untertan-Machen* und das *Herrschen* so verstehen, braucht uns um unsere Mit-Welt – und um uns – nicht bange zu sein.

Hermann-Josef Venetz

> ## STOLPERSTEIN 3
> ### ... aus der Rippe des Mannes geschaffen?
>
> Da ließ Gott, der Ewige, einen tiefen Schlaf auf den Menschen fallen, sodass er einschlief, nahm eine seiner Rippen und verschloss ihre Stelle mit Fleisch. Gott, der Ewige, baute aus der Rippe, die er vom Menschen genommen hatte, eine Frau, und führte sie dem Menschen zu. (Gen 2,21-22)

Die Wirkungsgeschichte des Bildes aus Gen 2,21-22 war fatal. Sogar Paulus hat es in 1 Kor 11,8 im Sinne einer Unterordnung der Frau unter den Mann zitiert und es hat seither immer wieder dazu gedient, patriarchale Unrechtsstrukturen zu sanktionieren. Aber wird diese Rezeption dem Text gerecht?

Das Bild stammt aus der älteren der beiden Schöpfungserzählungen der Bibel. Diese setzt seitens ihrer antiken Leserinnen und Leser weitere, noch ältere Schöpfungserzählungen der biblischen Umwelt und angesichts von deren Vielfalt auch als bekannt voraus, dass Schöpfungserzählungen von vornherein keine naturwissenschaftlichen Erklärungen bieten. Vielmehr geht es darum, einen Funken Lebensweisheiten in ein Bild zu fassen, das allezeit gültig sein sollte und darum aus literarischen Gründen am »Anfang« der Menschheitsgeschichte seinen besten Ort hat.

Und welche Pointe bringt dieser Text gegenüber älteren Schöpfungserzählungen erstmals ins Spiel? Es ist – soweit wir heute sehen – die erste Schöpfungserzählung der Menschheitsgeschichte, die erkennt und benennt, dass Menschen nicht geschlechtslos, sondern stets Mann oder Frau sind. Doch schafft Gott zunächst weder »Mann« noch »Frau«, sondern »den Menschen«. Doch weil »der Mensch« in der Tierwelt kein ihm ebenbürtiges Gegenüber fand und allein war (oder kann ein Dackel einen Lebenspartner ersetzen?), schuf Gott weiter – so wird erzählt – aus dem Gebein des Menschen, aus einer Rippe, ihm ein ihm ebenbürtiges Gegenüber. Erst danach werden die beiden erstmals als »Mann« und »Frau« bezeichnet (Gen 2,23). Und zwei Verse später wird klar benannt, worin die Schöpfung ihren Fluchtpunkt, ihre Erfüllung findet: Beide sind nackt, doch sie brauchen sich voreinander nicht zu schämen (Gen 2,25). Das ist Sexualität vom Feinsten.

Nur in einem Detail ist es dem Verfasser (oder der Verfasserin) nicht ganz gelungen, die Symmetrie der Geschlechter durchzuhalten: *Sie* wurde aus *seiner* Rippe, nicht umgekehrt, geschaffen. Doch hat, wer in diesem Detail die Pointe, das Neue, der Erzählung sucht, die Geschichte wohl nicht verstanden.

Klaus Bieberstein

Ein Lehrer kann viele Fehler haben, aber wenn er parteiisch ist, wird er gehasst – und seine Lieblingskinder mit ihm. Josef, Lieblingskind seines Vaters Jakob, wird von seinen neidischen Brüdern als Sklave verkauft (Gen 37). Lieblingskinder ziehen den

STOLPERSTEIN 4
Hat Gott »Lieblingskinder«?

Kain brachte Gott ein Opfer von den Früchten des Feldes dar; auch Abel brachte eines dar von den Erstlingen seiner Herde und von ihrem Fett. Gott schaute auf Abel und sein Opfer; aber auf Kain und sein Opfer schaute er nicht. Da überlief es Kain ganz heiß, und sein Blick senkte sich.
(Gen 4,3-5)

Hass und den Neid anderer auf sich. Gott wäre also gut beraten, keine zu haben, sondern sich allen Menschen gleichermaßen zuzuwenden. Theoretisch glauben wir Christinnen und Christen, dass er das tut, aber praktisch geht es auch bei uns oft zu, wie es am Anfang der Bibel (Gen 4,1-16) geschildert wird: Da hat einer der beiden Brüder, der Schafhirt, mehr Erfolg in seinem Beruf. Der andere, der Bauer, fühlt sich von Gott ungerechterweise zurückgesetzt, weil Erfolg damals selbstverständlich als dessen Zuwendung angesehen wurde. War nun der Hirte Gottes Lieblingskind? Oder hatte er einfach besser gearbeitet? Möglicherweise hatte er auch einfach Glück mit seinen Tieren, während das Wetter seinem Bruder eine weniger gute Ernte bescherte.

Es gibt tausend Gründe für all die Ungleichheiten unter Menschen. Auch für uns heute ist es schwierig, mit ihnen zu leben. Wer ist denn dafür verantwortlich? Ist es Gott, der willkürlich Begabungen, Lebensumstände, Schicksale verteilt, der den einen Glück und Erfolg zukommen lässt und die anderen mit Unglück oder auch nur einem gewöhnlich langweiligen Leben bestraft? Die Geschichte von Kain und Abel erklärt uns nicht, warum Abel mehr Erfolg hat. Erst die spätere Auslegung macht aus dem Verlierer Kain von vornherein einen Bösewicht. In der Geschichte wird er, als die Ungleichheit zu Tage tritt, von seinen Neidgefühlen überschwemmt. Gott warnt ihn und verlangt von ihm, diese Gefühle unter Kontrolle zu halten – und schützt ihn mit dem »Kainszeichen«, als ihm dies nicht gelingt. War nun Kain Gottes Lieblingskind?

Die Frage nach Gottes Lieblingskindern ist die Frage nach unserem Neid. Gott hebt die Ungleichheit unter Menschen nicht auf, sondern stellt uns die Aufgabe, damit umzugehen.

Brigitte Schäfer

STOLPERSTEIN 5
Ist Gott bösartig? – Die Sintflutgeschichte

Der Herr sagte: Ich will den Menschen, den ich erschaffen habe, vom Erdboden vertilgen, mit ihm auch das Vieh, die Kriechtiere und die Vögel des Himmels, denn es reut mich, sie gemacht zu haben. (Gen 6,7)

Die Bibel erzählt auf zweierlei Art und Weise von der Erschaffung der Welt: In einem Lied von der wunderbar geordneten Welt, das immer wieder in den Refrain einstimmt: „Und Gott sah, dass es gut war" (Gen 1,4 u.ö.), und in einer farbigen Erzählung von der Erschaffung des Menschen aus dem Ackerboden, der in den Garten Eden gesetzt wird (Gen 2,4ff). In dieser Erzählung ist nicht alles gut, sondern von Anfang an „der Wurm drin" – in Gestalt einer Schlange, die den Menschen verführt.

Nun könnte man meinen, nur der zweite Erzähler wüsste um die dunkle Seite dieser wunderbaren Welt. Das stimmt aber nicht. Auch das Schöpfungslied findet eine Fortsetzung – eben in der Sintflutgeschichte. Sie beginnt mit der Feststellung: „Der Herr sah, dass auf der Erde die Schlechtigkeit des Menschen zunahm und dass alles Sinnen und Trachten seines Herzens immer nur böse war" (Gen 6,5). Was stimmt nun: dass der Mensch einfach sehr gut ist, oder dass er „immer nur böse" ist? Beides ist falsch, und beides ist richtig. Um das zu zeigen, gestaltet der Erzähler in der Sintflutgeschichte die Kehrseite der guten Schöpfung Gottes: Dass Gott die Chaoswasser des Anfangs, das „Tohuwabohu" (Gen 1,2), zurückhält, heißt noch lange nicht, dass der Mensch selbst seinen Beitrag zur Weltordnung auch leistet. Er, dessen Auftrag eigentlich sein sollte, die Erde zu behüten und zu bewahren (Gen 1,28), vergisst doch auch immer wieder, diese Welt als Geschenk Gottes anzunehmen, und vergreift sich an ihr – mit den bekannten Konsequenzen. Es geht mir hier nicht um Panikmache, wie wenn die Flutkatastrophen der letzten Jahre bereits wieder erste Anzeichen einer kommenden Sintflut seien. Aber was der Erzähler gemeint hat, geht schon in diese Richtung: Wo der Mensch seine Verantwortung für die Schöpfung Gottes nicht wahrnimmt, verwandelt er sie erneut in ein unbeherrschbares Chaos. Die „Zeichen der Zeit" sprechen für unseren Erzähler. Und demgegenüber ist die Frage, ob es Gott „reut", nebensächlich. Uns sollte es reuen, was wir mit dieser Schöpfung angestellt haben, und wir sollten daraus Konsequenzen ziehen. Nicht Gott will diese Welt vernichten – dagegen hat er in der Sintflutgeschichte seinen Bogen in die Wolken gesetzt (Gen 9,13-17) –, sondern wir Menschen sind in der Gefahr, dies selbst zu erledigen. Für mich ist die Sintflutgeschichte erschreckend aktuell!

Dieter Bauer

STOLPERSTEIN 6
Lässt Gott mit sich handeln?

Abraham trat näher und sagte zu Gott: »Willst du auch den Gerechten mit dem Ruchlosen wegraffen? Vielleicht gibt es fünfzig Gerechte in der Stadt: Willst Du auch sie wegraffen und nicht doch dem Ort vergeben wegen der fünfzig Gerechten dort?« ... Und nochmals sagte er: »Mein Gott, zürne nicht, wenn ich noch einmal das Wort ergreife. Vielleicht finden sich dort nur zehn.« Und wiederum sprach Gott: »Ich werde sie um der zehn willen nicht vernichten.«
(Gen 18,23-24.32)

Gott als der unbewegte Beweger ist eine Erfindung der antiken griechischen Philosophie. In der Bibel, vor allem im Ersten Testament, begegnet uns ein bewegter und bewegender Gott: Eifernd, leidenschaftlich, zuweilen parteiisch und manchmal auch ratlos, lebt er die Beziehung mit seinem Volk und einzelnen, mehr oder weniger glaubenden Menschen, die ihn anrufen und fürchten, ihn herausfordern und ihm gehorchen. Die antike Philosophie hat unsere christliche Religion genauso beeinflusst wie die biblische Tradition. Darum erscheint der Gott des Ersten Testamentes vielen heutigen Christinnen und Christen fremd in seiner lebendigen Dynamik. Ein allmächtiger, allwissender und allgütiger Gott benimmt sich in unserer Vorstellung anders. Der ließe nicht mit sich handeln – wozu auch, wenn er ja doch alles besser weiß als wir Menschen mit unserem beschränkten Horizont?

Der biblische Gott aber lässt mit sich handeln. In einem partnerschaftlichen Dialog verständigt er sich mit Abraham auf die exakten Kriterien für eine Bestrafung der Stadt Sodom (Gen 18,16-33). Dabei handelt Abraham nicht etwa aus Mitleid mit den bedrohten Stadtbewohnern. Ihm geht es darum, dass Gott hier seine Prinzipien der Gerechtigkeit nicht verletzt, dass er nicht im Zorn etwas tut, das nicht gottgemäß ist. Im Bewusstsein der großen Distanz zwischen ihm und seinem Gesprächspartner handelt Abraham taktisch geschickt und psychologisch einfühlsam die notwendige Zahl der Gerechten auf zehn herunter. Zehn Personen sind noch ein Kollektiv (soviel Männer braucht es bis heute, um einen Synagogengottesdienst zu halten), darunter sind es Einzelfälle, die, wie das Beispiel Lots zeigt, individuell vor dem Unheil bewahrt werden können. Nun, das ganze Herunterhandeln nützte der Bevölkerung von Sodom nichts; denn da es keine zehn Gerechten waren, ließ Gott die Strafe über die Stadt kommen. Er tat es aber, dank Abraham, nach eingehender Überprüfung vor Ort und nach festen Kriterien der Gerechtigkeit. Wer übernimmt die Rolle Abrahams, wenn es heute um vermeintlich gerechte Kriege geht? *Brigitte Schäfer*

Mit diesem Satz beginnt eine der genialsten Erzählungen der Weltliteratur, ein Meisterwerk an sprachlicher Knappheit, Dichte und Präzision. Mit ihm beginnt auch eine nicht abgeschlossene kontroverse Deutung dieser Geschichte, in der Gott den Abraham auffordert, seinen Sohn zu opfern und dieses Opfer dann im letzten Moment verhindert. Die Kontroverse dreht sich vor allem um den Gehorsam Abrahams: War er gehorsam, weil er bereit war, seinen Sohn zu opfern – oder bestand sein Gehorsam darin, dass er es gerade nicht tat?

> ## STOLPERSTEIN 7
> **Unser Liebstes opfern?**
>
> Nach diesen Begebnissen geschah es: Gott prüfte den Abraham ...: Nimm doch deinen Sohn, deinen einzigen, den du liebst, Isaak und geh vor dich hin in das Land Moria, und opfere ihn als Opfer dar auf einem der Berge.
> (Gen 22,1-2)

So viel mindestens ist klar: Die Geschichte beginnt mit der Aufforderung zur Opferung Isaaks, und sie endet damit, dass an Isaaks Stelle ein Widder geopfert wurde. Dazwischen liegt ein langer Weg. Abraham und Isaak gehen ihn – ohne Sara – ein Stück weit zusammen mit dem Esel und den beiden Knaben, den letzten Teil allein. Sie sprechen miteinander. Isaak fragt seinen Vater nach dem Opfertier. Isaak weiß also, dass Tiere und nicht Menschen geopfert werden. Aber weiß das auch Abraham, der mit seinem Sohn unterwegs ist? Weiß er es, oder ist er imstande, sein Liebstes Gott zu opfern, der es von ihm verlangt? Und kann Gott das verlangen, weil er Gott ist?

Fragen über Fragen. Gibt es Antworten? Ja, eine Antwort ist, dass die Geschichte, die mit einem Tötungsbefehl beginnt, überraschend mit dem Gegenteil endet. Dazwischen liegt als schreckliche Versuchung die Vorstellung, es müsse getötet werden, um Gott zu gehorchen. Wie wenn das Morden Gottesdienst sein könnte. Und doch kehrt Abraham ohne Isaak zu den beiden Knaben zurück (V. 19). Hat er ihn etwa ...?

Zu Beginn der Geschichte befiehlt Gott dem Abraham, »vor sich herzugehen«. Am Ende der Geschichte kehrt Abraham zu den Knaben zurück und sie »gingen miteinander«. Wie viel muss da unterwegs geschehen sein, dass aus diesem »für sich alleine gehen« – was ist töten anderes – ein Gehen zusammen mit anderen werden konnte? Wie viel hat sich geändert, dass der Befehl, das Liebste zu opfern, keinen Platz mehr hat und statt seiner die Zusage gilt: Ich will, dass du lebst?

Hanspeter Ernst

Eine Frau, die allein unterwegs ist, wird zum Opfer einer Vergewaltigung. Eine Geschichte, wie sie tausend- und millionenfach bis heute erzählt werden könnte, wird so schon in der Bibel erzählt. Und die Bibel erzählt noch viele andere Geschichten, in denen Frauen und auch Männer sexueller Gewalt ausgesetzt sind. Tamar wird von ihrem eigenen Bruder missbraucht (2 Sam 13). Ein Mann, der in Gibea übernachten will, soll von den Männern der Stadt vergewaltigt werden und rettet sich, indem er ihnen seine Nebenfrau ausliefert, die dann von der Menge zu Tode vergewaltigt wird (Ri 19). Susanna, die sich gegen den sexuellen Zugriff zweier Ältester und Richter wehrt, wird von diesen vor Gericht gezerrt, des Ehebruchs angeklagt und entgeht nur knapp der Hinrichtung (Dan 13). Wort Gottes? Heilige Schrift? Was haben solche Geschichten in der Bibel zu suchen? Es sind wahrhaftig keine »schönen« Geschichten zur »Erbauung«. Trotzdem kann ich eine große Chance darin entdecken, dass die Bibel solche Geschichten erzählt. Denn sie entlarven die alltäglichen und nichtalltäglichen Strukturen von sexueller Gewalt. Sie schärfen den Blick dafür, wo die Täter zu finden sind: in der eigenen Familie zum Beispiel oder überall dort, wo es Macht- und Abhängigkeitsverhältnisse gibt. Tamars Geschichte offenbart zudem, wie Frauen mit ihrem Trauma allein gelassen werden, zum Schweigen verurteilt sind und ein Leben lang an den Folgen tragen.

Wenn die biblischen Autorinnen oder Autoren solche Geschichten verfasst haben, leisteten sie damit Widerstand gegen das Verschweigen und Vergessen von sexueller Gewalt gegen Frauen, Kinder und Männer. Die Geschichten heute zu lesen und zu erzählen, kann dazu beitragen, im eigenen Umkreis hinzusehen, das Schweigen zu brechen, die Strukturen der Gewalt zu entlarven und die Täter zu benennen. Zwar genügt allein das Durchschauen der sexuellen Gewalt nicht, diese auch zu beenden. Aber das Begreifen hilft dabei, die Logik der Täter und ihre »Selbstverständlichkeit« zu hinterfragen, den Opfern einen Raum zu geben und vielleicht sogar, Schritte gegen die Gewalt zu unternehmen.

Sabine Bieberstein

> **STOLPERSTEIN 8**
> **Warum erzählt die Bibel Vergewaltigungsgeschichten?**
>
> Dina, die Tochter, die Lea Jakob geboren hatte, ging aus, um sich die Töchter des Landes anzusehen. Sichem, der Sohn des Hiwiters Hamor, des Landesfürsten, erblickte sie; er ergriff sie, legte sich zu ihr und vergewaltigte sie.
> (Gen 34,1-2)

STOLPERSTEIN 9
Wie kann man das Ersaufen der Ägypter loben?

Mirjam sang ihnen vor:
»Singt dem Herrn ein Lied,
denn er ist hoch und erhaben!
Rosse und Wagen warf er ins Meer.«
(Ex 15,21)

Dieses Siegeslied aus dem Exodusbuch bringt mich zum Stolpern, weil ich das jämmerliche Ertrinken von Pferden und Wagenlenkern alles andere als lobenswert finde. Zudem wird dies als »Gotteswille« bezeichnet: Er, der Herr, warf »Rosse und Wagen« ins Meer.

Nun gibt es Menschen, die darauf abheben, dass hier »nur die Kriegsmaschinerie« der Ägypter vernichtet wird, Menschen würden ja nicht explizit genannt! Aber das wäre zu einfach. Zum einen stehen im hebräischen Text nicht »Wagen«, sondern »Reiter«. Zum zweiten weiß jeder, dass Pferde nicht alleine in den Krieg ziehen und Streitwagen – heute wären es Panzer – nicht ohne Fahrer auskommen. Hier geht eine ganze Streitmacht mit Mann und Maus unter!

Also: Was ist daran lobenswert? Wie so oft in der Bibel, so scheint mir auch hier die Beachtung der Erzählperspektive wichtig zu sein. Wer singt dieses Lied? Und warum? Mirjam, die Schwester des Mose, stimmt dieses Lied an, als die ganze Angst vor dem unterdrückerischen Pharao und seinen Militärs von ihr abfällt. Das Lied markiert das Ende einer Geschichte von grausamer Unterdrückung bis hin zur versuchten Ausrottung eines Volkes durch Kindermord (Ex 1 – 2). Nur, wer nachempfinden kann, was es heißt, Tag für Tag fremdbestimmt zu sein von einer menschenverachtenden Diktatur, Tag für Tag die einfachsten Menschenrechte abgesprochen zu bekommen, kann vielleicht auch die Freude nachvollziehen, die aus Mirjam und den Frauen herausbricht, als endlich alles vorbei ist. Sie wollen Gott danken, weil er ihnen geholfen hat, aus diesem Elend heraus zu kommen, weil er das Wunder vollbracht hat, das niemand für möglich gehalten hätte: Dass ein Volk, das sich erst einmal auf den Weg gemacht hat, nicht einmal von den Fluten des Meeres aufgehalten werden kann.

Und: Dass sie im Überschwang der Freude zum Lob Gottes aufrufen, hat nichts damit zu tun, dass Gott Freude am Untergang der Ägypter hätte. So wird in der jüdischen Tradition erzählt: »Als die Ägypter im Meer versinken, wollen die Dienstengel ein Lob anstimmen. Da spricht der Heilige, gepriesen sei er, jedoch zu ihnen: ›Meiner Hände Werk versinkt im Meer, und ihr wollt ein Lied anstimmen?‹« (Babylonischer Talmud, Sanhedrin 39b)

Dieter Bauer

STOLPERSTEIN 10
Ein eifersüchtiger Gott, der die Schuld der Ahnen bis in die vierte Generation verfolgt?

Denn ich, der Herr, dein Gott, bin ein eifersüchtiger Gott: Bei denen, die mir feind sind, verfolge ich die Schuld der Väter an den Söhnen, an der dritten und vierten Generation; bei denen, die mich lieben und auf meine Gebote achten, erweise ich Tausenden meine Huld.
(Ex 20,5-6; Dtn 5,9-10)

Immer wieder ist in der Bibel die Rede von der »dritten und vierten Generation«. Das ist kein Zufall, sondern gründet auf einer tiefen Lebenserfahrung. Wer die dritte oder sogar noch die vierte Generation, seine Urenkelinnen und Urenkel, sehen kann, hat besonderes Glück gehabt.

Wer umgekehrt in einer agrarischen Gesellschaft Haus und Hof versäuft, schadet seinen Kindern bis in die dritte und vierte Generation – so weit sein Augenlicht reicht. Und diese Lebenserfahrung hat bis heut ihre Gültigkeit nicht verloren. Oder wer wird mit dem Ozonloch leben, die Schuldenberge abtragen und den Atommüll entsorgen müssen, den wir im Laufe der letzten Jahre aufgetürmt haben?

Offenbar beruht die Rede vom Gott, der die Schuld verfolgt bis ins dritte und vierte Glied, nicht auf der Vorstellung eines willkürlich zürnenden Gottes, sondern auf der Lebenserfahrung, durch eigene Schuld Nachkommen zu schädigen, soweit unser Augenlicht reicht, bis wir selber ins Grab steigen werden.

Bedrückend? Zweifellos. So saßen die Deportierten schon in der zweiten Generation in der Babylonischen Gefangenschaft und versuchten, sich ihre Situation mit dem Sprichwort zu erklären: »Die Ahnen haben saure Trauben gegessen und den Enkeln wurden die Zähne stumpf« (Ez 18,2). – So ist das Leben.

Doch da schaltet sich der Prophet Ezechiel ein, um in Gottes Namen mit aller Wucht gegen dieses Sprichwort zu protestieren und zu verkünden, dass jedermensch jederzeit eine Chance zu einem Neuanfang haben muss: »So wahr ich lebe – Spruch Gottes, des Herrn –, keiner von euch in Israel soll mehr dieses Sprichwort gebrauchen« (Ez 18,3).

So stellt das Alte Testament dem Wort *von* der generationenübergreifenden Schuld, das sich warnend an die *Täter* gerichtet hatte, ein nicht minder deutliches Wort *gegen* die generationenübergreifende Schuldverkettung entgegen, das sich an deren Opfer wendet und ihnen ein neues Leben verheißt. Beides gehört zu unserer Lebenserfahrung und darum auch beides in unsere Rede von Gott.   *Klaus Bieberstein*

"Auge um Auge, Zahn um Zahn« – dieser Spruch gehört gewiss zu den meistzitierten Bibelstellen. Oft wird er dafür verwendet, um Rachegelüste auszudrücken oder zu rechtfertigen, etwa nach dem Motto: »Wie du mir, so ich dir!« Oder er gilt als Beleg für einen vermeintlich rachedürstenden alttestamentlichen Gott.

Der ursprüngliche Sinn dieses Bibelwortes ist aber ein ganz anderer. Mit unserem Spruch sind nämlich nicht diejenigen angesprochen, denen ein Schaden *zugefügt* wurde, sondern diejenigen, die einen Schaden *verursacht* haben. Die sollen Wiedergutmachung leisten, und zwar genau so viel, wie sie Schaden angerichtet haben. Zwar wird uns heute das Beispiel der Fehlgeburt, das in Ex 21,22 verwendet wird, eher befremden, und wir würden uns einen mitfühlenderen Umgang mit dieser Frau wünschen. Doch ist das ein anderes Problem und ändert nichts an der Stoßrichtung des Wortes.

> ### STOLPERSTEIN 11
> **»Auge um Auge, Zahn um Zahn«. Ein Gott der Rache?**
>
> Wenn Männer miteinander raufen und dabei eine schwangere Frau treffen, so dass sie eine Fehlgeburt hat, ohne dass ein weiterer Schaden entsteht, dann soll der Täter eine Buße zahlen, die ihm der Ehemann der Frau auferlegt; er kann die Zahlung nach dem Urteil von Schiedsrichtern leisten. Ist weiterer Schaden entstanden, dann musst du geben: Leben für Leben, Auge für Auge, Zahn für Zahn, Hand für Hand, Fuß für Fuß ... (Ex 21,22-24)

Der Spruch ist also keinesfalls eine Aufforderung zur Rache, auch nicht zur Verstümmelung (so etwas ist dem Ersten Testament völlig fremd!), sondern in bildhafter Sprache wird dazu aufgefordert, Schaden wieder gut zu machen. Vor diesem Gesetz sind alle gleich: Ein Schaden, der einem Fremden, einem Kleinbauern, einer Frau, einem Sklaven zugefügt wurde, ist ebenso zu ersetzen wie der Schaden, der einem Dorfältesten angetan wurde (vgl. Lev 24,22). Welch ein Meilenstein in der Rechtsgeschichte!

Eine Aufforderung zur Rache kennt das Erste Testament nicht. Im Gegenteil: Die Rache wird Gott überlassen und nicht selbst vollzogen. Denn jeder und jede weiß: Wo Menschen unkontrolliert ihrem Rachedurst nachgeben, dort hat die Gewalt nie ein Ende. Das Wort zeugt also auch nicht von einem gewalttätigen alttestamentlichen Gott, sondern im Namen dieses Gottes wird der Eskalation von Gewalt unter Menschen ein Riegel vorgeschoben.

Sabine Bieberstein

Wenn Kirchenmänner menschenverachtende Dogmen in die Welt setzen oder verteidigen, dann geschieht das nicht im Geiste der Bibel, wohl aber mitunter in ihren Worten. Das war etwa im unseligen »Hexenhammer« der Fall, einem von Papst Innozent VIII. angeregten Werk, verfasst von den beiden Dominikanern Heinrich Kramer und Jakob Sprenger. Zwischen 1486 und 1669 erlebte das Buch nicht weniger als 34 Auflagen. Es gehört damit zu den Best- und Longsellern der frommen Literatur. Darin wurde die reichlich praktizierte Verbrennung von Hexen biblisch begründet: »Es ist tatsächlich die letzte Möglichkeit, die der Kirche offen steht, und sie ist dazu durch das göttliche Gebot verpflichtet, das heißt: ›Eine Hexe sollst du nicht am Leben lassen!‹«. Kirchliche Würdenträger, die sonst auf das Judentum und sein mosaisches Gesetz pfiffen, machten diesen relativ nebensächlichen Satz aus dem ältesten Gesetz der Tora (Bundesbuch) zum archimedischen Punkt ihrer gewalttätigen Verfolgung von Frauen, die sie als nicht gesellschaftskonform ansahen. Dass er in den jüngeren Gesetzen der Tora (Deuteronomium, Heiligkeitsgesetz) so nicht mehr vorkommt, kümmerte sie wenig.

Gewiss, dieser Satz ist allein schon deshalb kein Stolperstein mehr, weil kaum noch jemand die Gesetze des Bundesbuches liest. Außerdem gibt es ja Menschenrechtsorganisationen und internationale Gerichtshöfe. Gott sei Dank! Obwohl: Wie viele Tausende von Frauen fallen in christlichen Ländern jährlich der Selbstjustiz ihrer gestressten oder enttäuschten Männer zum Opfer? In welcher Statistik erscheinen sie? Welche Aufklärungskampagnen laufen dagegen? Wie viele Tausende von Frauen werden von der römisch-katholischen Kirche mit fragwürdig-biblizistischer Argumentation an der Realisierung ihres priesterlichen Charismas gehindert? Welche Lobby schützt sie? Störende und störrische Frauen werden offenbar noch immer erstaunlich leichtfüßig liquidiert, ob mit oder ohne Bibel. Gilt der Satz also noch immer? Reden Sie doch mal mit Ihren Freunden darüber, frei nach dem Motto: Lesen – stolpern – erinnern – handeln! *Thomas Staubli*

> STOLPERSTEIN 12
> **Wider störende und störrische Frauen**
> Eine Hexe sollst du nicht am Leben lassen.
> (Ex 22,17)

STOLPERSTEIN 13
Warum soll Homosexualität ein Gräuel sein?
Du sollst nicht bei einem Mann liegen wie bei einer Frau;
es ist ein Gräuel. (Lev 18,22)
Darum hat sie Gott dahingegeben in schändliche Leidenschaften; denn ihre Frauen haben den natürlichen Verkehr vertauscht mit dem widernatürlichen; desgleichen haben auch die Männer den natürlichen Verkehr mit der Frau verlassen und sind in Begierde zueinander entbrannt und haben Mann mit Mann Schande getrieben und den Lohn ihrer Verirrung, wie es ja sein musste, an sich selbst empfangen. (Röm 1,26-27)

Lasst mich die Frage dreifach angehen: als Historiker, als Theologe und als Mensch. Die Reihenfolge dabei ist für mich unumkehrbar – der dritte Weg ist der entscheidende, er steht (unsichtbar) am Anfang und (unausweichlich) am Ende.

I. Homosexualität ist eine Form der (auch) körperlichen Liebe, die nicht der Fortpflanzung dient. Für Völker auf Wanderung, in Entwicklungsphasen, in Zeiten direkter Bedrohung und unter dem (echten oder willkürlichen) Zugzwang der aktiven oder reaktiven Militarisierung ist sie unnütz, unbequem, quer (sie erhöht den Bestand und damit die potentielle Kampfkraft nicht). Lev 18 und Parallelaussagen des Ersten Testaments sind aus historischer Perspektive verständlich und bleiben gleichzeitig in historischen Kategorien gefangen. Die Verdammung von Homosexualität geht mich, den *Historiker*, ähnlich viel an wie ersttestamentliche Kleider-, Reinheits-, Sklaven- und Strafgesetze.

II. Das wichtigste Wort in der Römerbrief-Stelle steht am Anfang: »darum«. Es weist darauf hin, dass sich (auch) im Zusammenhang mit Homosexualität Abwendung von Gott manifestieren kann. Als *Theologe* stimme ich Paulus zu: Der homosexuelle Mensch ist gefährdet – wie jeder Mensch.

III. Mein Leben liegt in der Hand Gottes. Nie hat er mich ganz fallen lassen. Dazu bedient er sich der Hände vieler, die mich tragen, stützen, ermutigen. Einige dieser Hände gehören zu (offen oder verdeckt) lesbischen und homosexuellen Menschen. Unter diesem Vorzeichen lebe und atme ich. Von dieser Voraussetzung aus denke ich nach über Homosexualität als einer innerweltlichen Ausrichtung von Menschen, die zu Glaube, Hoffnung und Liebe erwählt und zur Handlung in der Kraft Gottes befähigt sind. Einige wagen es, solchen Menschen Glaube, Hoffnung, Liebe und christliche Tatkraft abzusprechen. Als *Mensch* finde ich darauf abschließend nur eine einzige Antwort: ein klares, gelassenes, notfalls grobes Nein gegenüber vorauslaufenden, gesetzlichen, gottfernen Verurteilungen anderer.

Marc van Wijnkoop Lüthi

STOLPERSTEIN 14
Befohlene Liebe?

Du sollst deinen
Nächsten lieben
wie dich selbst.
(Lev 19,18)

Das Gebot »Liebe Deinen Nächsten wie Dich selbst!« ist das bekannteste Bibelzitat überhaupt. Zugleich verwendet es eines der meistgebrauchten Wörter: »Liebe«. Aber die Bibel spricht von ihr in einer ungebräuchlichen Form: Nicht als Gefühl, sondern als Gebot. Kann man das: Liebe befehlen? Ist es nicht gerade das Spontane, das Emotionale, das Überwältigende und Nicht-Machbare, was die wahre Liebe auszeichnet? Erweist sich das auf den ersten Blick so selbstverständliche Liebesgebot also auf den zweiten Blick als Zumutung, als unsinnige Überforderung?
Meine Nachbarin lieben, die die Waschküche nie so zurücklässt, wie ich es gerne hätte? Meinen Bürokollegen lieben, der die unangenehmen Arbeiten mir überlässt und schrecklich bunte Krawatten trägt? Die Asylbewerberfamilie lieben, die so gar nicht in unser Dorf passt? – Geht das nicht zu weit?
Eine Überprüfung dessen, was die Bibel meint, wenn sie Nächsten-, Fremden- und sogar Feindesliebe fordert, zeigt: Sie versteht »Liebe« nicht einseitig als romantisches Gefühl. Sie spricht eine Haltung an, die wir heute mit »Respekt und Solidarität« übersetzen können. »Lieben« heisst so viel wie: Die Mitmenschen in ihrer Eigenart anerkennen, ihre Rechte und Bedürfnisse achten und sie an der Gemeinschaft teilhaben lassen. Ist der »Stolperstein« damit aus dem Weg geräumt? Die Antwort lautet: JA und NEIN.
JA, weil die Bibel keine »Diktatur der Gefühle« errichtet, die in die Überforderung führt und allzu leicht ins Gegenteil umschlägt, indem sie eine verlogene »Liebenswürdigkeit« erzeugt, die echte Begegnung verhindert.
NEIN, weil schon die nüchternere Übersetzung: »Sei solidarisch und respektiere Deine Nächsten wie dich selbst«, mich über meinen alltäglichen Mangel an Respekt, wie auch über meinen politischen Mangel an Solidarität stolpern lässt. Gut, dass es diesen Stolperstein des Liebesgebotes gibt. Eine Welt, in der das Zusammenleben nur auf spontanen Liebesgefühlen beruht, wäre schrecklich lieblos. *Daniel Kosch*

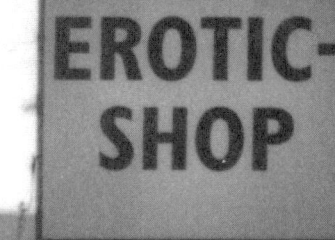

Was für ein Befehl?! Die ganze Stadt Jericho mit allen Lebewesen in ihr, Menschen wie Tiere (vgl. Jos 6,21), soll ermordet werden – und das im Namen Gottes! Immer, wenn ich diesen Text lese, überkommt mich Wut. Ich heule, schreie, tobe und will den Text am liebsten aus der Bibel herausreißen und ungeschrieben machen. Es fällt mir schwer, diesen Text als einen Teil meines religiösen Erbes zu akzeptieren und mich dazu zu bekennen. Was ist das für ein Gott, in dessen Namen solche Befehle erteilt werden? Was sind es für Menschen, die einem solchen Befehl folgen, ohne dabei ihren Glauben zu verlieren?

> STOLPERSTEIN 15
> **Die Landnahme –
> ein Stolperstein für meinen Glauben?**
>
> Der Herr hat die Stadt in eure Gewalt gegeben. Die Stadt mit allem, was in ihr ist, soll zu Ehren des Herrn dem Untergang geweiht sein. Nur die Dirne Rahab und alle, die bei ihr im Haus sind, sollen am Leben bleiben. (Jos 6,16-17)

Die Vorstellung, mit Trompeten um Jericho herum zu gehen und die Mauern zum Einsturz zu bringen, scheint viele zu begeistern. Nur selten – wenn überhaupt – fragen sich Menschen (auch TheologInnen), was diese Geschichte für diejenigen, die *innerhalb* der Mauern Jerichos lebten, bedeutet. Nur selten – wenn überhaupt – wagen sie es, das Bild Gottes in diesem und ähnlichen Texten zu hinterfragen.

Sowohl diese Haltung, als auch die biblischen Traditionen selbst wurden für mich zu einem echten Stolperstein meines Glaubens. Als christliche Palästinenserin habe ich mit viel Mühe gelernt, diesen Text kritisch zu betrachten, ohne ihn aus der Bibel zu entfernen. Dabei geht es mir nicht darum, den Text zu vereinfachen, indem ich z.B. die Erkenntnisse aus der Archäologie zu Hilfe nehme, die die Geschehnisse im Text historisch widerlegen. Denn die furchtbare Wirkungsgeschichte des Textes bliebe damit dieselbe. Sondern es geht mir darum, einen Perspektivenwechsel zu versuchen und die Menschen innerhalb der Mauer nicht aus dem Blick zu verlieren. Gleichzeitig möchte ich die Komplexität des Themas aufrecht erhalten, ohne dabei Gottesbilder im Alten Testament gegen Gottesbilder im Neuen Testament auszuspielen. Mein Anliegen dabei ist bescheiden: Wir müssen uns darüber im Klaren sein, dass die Bibel auch Geschichten der Gewalt beinhaltet, die wir nicht verändern können, auch wenn wir es wollten. Vielmehr gilt es, wenn wir diese Geschichten lesen, anwenden und interpretieren, nicht selbst zur Gewalt und Missachtung anderer Menschen aufzurufen. *Viola Raheb*

Bevor der Jiftach in den Krieg gegen die Ammoniter zieht, tut er Gott ein Gelübde: Wenn Gott ihm zum Sieg verhilft, dann will er dasjenige, das ihm zu Hause als erstes entgegenkommt, als Opfer darbringen. Die Geschichte nimmt ihren fatalen Lauf: Jiftach gewinnt den Krieg – und zu Hause kommt ihm seine einzige Tochter tanzend und seinen Sieg preisend entgegen. Jiftach erfüllt sein Gelübde. Die Tat ist so ungeheuerlich, dass der Text den Opfertod der Tochter nicht wörtlich erwähnt. Der Sinnhorizont, in dem der Text steht, aber auch dessen historischer Kontext lassen jedoch keinen Zweifel aufkommen: Jiftachs Tochter starb.

Weshalb steht diese grauenvolle Geschichte in der Bibel?

Um Israel zu lehren, sagen die Rabbinen, dass man Gelübde, wie die Tora es fordert, wohl überlegt und mit rationaler Nüchternheit aussprechen soll. Jiftach handelt aber in Unkenntnis der Tora. Diese fordert, dass nur reine Tiere geopfert werden, und sie ermöglicht das Auflösen unvorsichtig formulierter Gelübde durch den Priester. Vom Geloben überhaupt raten die Tora und die jüdische Tradition ab. Gelübde entspringen oft einem subjektiven religiösen Impuls, einem Enthusiasmus, der eine realistische Einschätzung eigener spiritueller Fähigkeiten und Notwendigkeiten des Lebens vermissen lässt. Der intensive Wunsch nach Gottesnähe, was immer auch dessen Motiv sein mag, ist nicht a priori positiv. Er ist es erst dann, wenn er ins Leben und in die Freiheit weist. An diesen aus der Schrift ablesbaren Gütern hat sich die menschliche Interpretation des offenbarenden Wortes zu messen.

Jiftach verfügt nicht über die besonders für einen politischen Führer notwendige religiöse Nüchternheit. Sein religiöser Eifer tötet und wendet sich gegen ihn selbst: »Und Jiftach, der Gileaditer starb und wurde in den Städten Gileads begraben.« (Ri 12,7) Warum steht hier »Städte« und nicht »Stadt«? Weil seine Gebeine in verschiedenen Städten begraben sind, antworten die Rabbinen: Jiftach ist durch sein eigenes Handeln zerrissen worden und hat im religiösen Eifer sein menschliches Antlitz preisgegeben.

Michel Bollag

STOLPERSTEIN 16

Warum darf Jiftach seine Tochter opfern?

Und Jiftach tat ein Gelübde dem Ewigen und sprach: »Wenn Du die Söhne Ammon in meine Hand gibst, so soll dasjenige, was herauskommt aus den Türen meines Hauses mir entgegen, wenn ich zurückkehre in Frieden von den Söhnen Ammon, dem Ewigen gehören, und ich will es darbringen als Ganzopfer.« (Ri 11,30-31)

Mir klingt die Musik aus Felix Mendelssohns Oratorium »Elias« im Ohr: »Greift die Propheten Baals, dass ihrer keiner entrinne!« singt die Bassstimme des Propheten und der Chor des Volkes bekräftigt diesen Aufruf. Wunderschöne Musik, die so gar nicht zu 450 Leichen passt. Weder die Bibel noch die christliche Geschichte und Kultur sparen die Grausamkeiten des Lebens aus. Immer wieder stören wir uns daran, wie »menschlich« – im negativen Sinn – es auch in der Kirche zugeht.

Wie kommt Elija zu diesem brutalen Aufruf? Es herrschen Dürre und Hungersnot in Israel, und Elija meint zu wissen warum: Das Königshaus hat sich von Jahwe, dem Gott Israels, abgewendet und die Verehrung des Fruchtbarkeitsgottes Baal aufgenommen. Die Königin Isebel hat sogar die Propheten Jahwes ausgerottet – Elija ist der einzige Überlebende. Das Volk verhält sich pragmatisch. Es wechselt jeweils zu derjenigen Religion, die am meisten zu nützen scheint. Elija wirft ihm darum vor, »auf beiden Seiten zu hinken«. Nun soll der Tatbeweis eine Klärung bringen. Elija tritt gegen die Priester des Baal zum Opferwettbewerb an – und siegt. Das Volk ist überzeugt und fällt über die Baalspropheten her – und schon beginnt es zu regnen, die Dürrezeit ist ausgestanden.

> STOLPERSTEIN 17
> **Wie kann ein Prophet 450 Gegner abschlachten?**
>
> Elija befahl ihnen: »Ergreift die Propheten des Baal! Keiner von ihnen soll entkommen!« Man ergriff sie, und Elija ließ sie zum Bach Kischon hinabführen und dort töten.
> (1 Kön 18,40)

Eine dramatische Geschichte, die sich unter extremen Bedingungen abspielt und Elija erneut in Lebensgefahr bringt. Hauptakteur im Hintergrund ist jedoch Jahwe, von dem es heißt, er sei ein »eifriger Gott«. Er will der einzige sein, der verehrt wird, und scheut auch Grausamkeit nicht, um dies durchzusetzen. So wird er in dieser Geschichte (1 Kön 18,1-46) – und auch in anderen biblischen Texten – dargestellt. Er ist hier nicht der »liebe Gott«, den wir uns so gerne zurechtlegen. Wir reiben uns an diesem Gottesbild – zu Recht, finde ich. Denn es soll nicht dazu dienen, Grausamkeiten unter Menschen zu rechtfertigen. Aber es soll uns daran erinnern, dass es nicht egal ist, was wir glauben und wie wir unseren Glauben leben.

Brigitte Schäfer

STOLPERSTEIN 18
Warum ist Judits Meuchelmord zu loben?

Der Herr hat ihn durch die Hand einer Frau erschlagen. (Judit 13,15)

Judit dankt ihren nächtlichen Meuchelmord an dem betrunken schlafenden Feldherrn Holofernes als Tat Gottes. Nicht sie selbst, die (schwache) Frau, hat diese Tat vollbracht, sondern Gott. Was sollen wir davon halten? Dass alle möglichen Untaten – selbst Kriege – religiös legitimiert werden, ist ja nichts Neues. Erst kürzlich wieder hat ein amerikanischer Präsident zum Kreuzzug gegen die Mächte des Bösen aufgerufen und dafür die Bibel in Anspruch genommen. Doch: Das Buch Judit ist nicht geschrieben aus der Sicht einer Weltmacht wie den U.S.A., sondern des kleinen ohnmächtigen Judäa. Die Weltmacht, die im Judit-Roman (nicht nur) das kleine Judäa bedrohte, war Assyrien, beherrscht von einem fiktiven König Nebukadnezzar (historisch der babylonische Eroberer Jerusalems) und seinem Feldherrn Holofernes (ein Perser). Assyrien – Babylonien – Persien waren die aufeinander folgenden Supermächte des Vorderen Orients, die Judäa unterdrückten. Demgegenüber steht eine Frau, die den symbolischen Namen Judit (»die Jüdin«) trägt. Die Frage, die im Judit-Roman verhandelt wird, lautet: Welche Chance haben die Kleinen und Schwachen gegen die »großen Tiere«? Die Antwort: Wer ohnmächtig und schwach ist, braucht Schläue, List und Tücke, wie Judit, die sich ihrer Schönheit bewusst ins feindliche Heerlager wagt und den feindlichen Feldherrn umgarnt, bis er schließlich »den Kopf verliert«. Aber das ist nicht alles: Genauso wichtig ist dem Erzähler, dass Judit ihre Tat nur vollbringen kann, weil sie ganz auf die Macht Gottes vertraut, darauf, dass er auf der Seite der Schwachen ist und ihr die nötige Kraft zur Befreiung ihres Volkes gibt. Deshalb werden auch immer wieder die Integrität Judits, ihre Enthaltsamkeit und ihre Gebete betont. Und nur deshalb kann Judit am Ende sagen: »Der Herr hat ihn durch die Hand einer Frau erschlagen.« Wenn diese Perspektive nicht beachtet wird, dass der »Befreiungsschlag« dieser Frau aus ihrem Glauben heraus kam, dass Gott auf Seiten der Schwachen steht, dann wird aus ihr die »femme fatale«, die seit Jahrhunderten in Literatur und Malerei Männerphantasien bedient. Das ist das eigentlich Ärgerliche: Judit konnte ihre Rettungstat nur vollbringen, weil sie sehr genau um die Schwäche des männlichen Gegners wusste, der sich im Bewusstsein seiner Überlegenheit und der Vorfreude auf seine »Beute« sinnlos betrinkt. Das haben ihr manche Männer bis heute nicht verziehen. Aber Gott hat nun einmal nichts übrig für diese männlichen Sexprotze, die ganze Völker vergewaltigen.

Dieter Bauer

STOLPERSTEIN 19
Keine Antwort für Ijob?

Da antwortete der Herr dem Ijob aus dem Wettersturm und sprach: Wer ist es, der den Ratschluss verdunkelt mit Gerede ohne Einsicht? Auf, gürte deine Lenden wie ein Mann: Ich will dich fragen, du belehre mich! Wo warst du, als ich die Erde gegründet? Sag es denn, wenn du Bescheid weißt. Wer setzte ihre Maße? Du weißt es ja. Wer hat die Messschnur über ihr gespannt? Wohin sind ihre Pfeiler eingesenkt? Oder wer hat ihren Eckstein gelegt? (Ijob 38,1-7)

Wir kennen ihn, Ijob, den Gerechten, der förmlich über Nacht alles verlor und mit Krankheit geschlagen wurde – der gerechte und ohne erkennbaren Grund gebrochene Mensch. Doch während seine Freunde ihn auffordern, in sich zu gehen und nach seiner Schuld zu suchen, die sein Leid erklärt, beharrt er guten Gewissens auf seiner Unschuld, er erhebt den Vorwurf, die Welt sei ein Chaos und Gott ein Frevler, der kein Gesetz kenne. Schließlich fordert er Gott auf, sich ihm zu stellen und mit ihm zu rechten – und Gott lässt sich auf den Hadernden ein. Er erscheint ihm persönlich, er verurteilt die Reden seiner Freunde als unsachgemäß – und spricht Ijob frei. Eine überraschende Wende.

Und dennoch kein Schluss, der uns befriedigen könnte. Denn wir erwarten wie Ijob eine Erklärung. Gott aber hält zwei Reden über die Schöpfung – schier endlos lang. Verwirrend und irritierend – zumindest für uns heute. Oder sollte Naturkundeunterricht eine angemessene Antwort sein? Oder kommt es nur darauf an, dass Gott, der Allmächtige, mit Ijob, dem Zerschlagenen, spricht, nicht aber darauf, was er ihm sagt? Oder haben wir die Bildersprache seiner Rede nur nicht verstanden?

So bestreitet Gott in seiner ersten Rede (38,2 – 39,30) Ijobs vermeintliche Kompetenz, seine Schöpfung zu verurteilen, weil ihm die nötige Einsicht fehle, und führt ihm in rhetorischen Fragen sein Schöpfungswalten an der Natur und seine Sorge um die Tiere vor Augen. Vor allem aber beschreibt er in seiner zweiten Rede (40,7 – 41,26) seine Sorge für das Nilpferd und das Krokodil, das nur er allein bezwingen kann.

Nilpferd und Krokodil, die in den unzugänglichen Sümpfen am Nilufer leben, galten in Ägypten als die Verkörperungen von Chaos, Unrecht und Unheil schlechthin. Und indem Gott Ijob vor Augen führt, dass Ijob nicht in der Lage ist, sie zu bezwingen, Gott sie aber in seiner Obhut habe, erklärt er: Chaos, Unrecht und Unheil sind in der Welt. Unbezweifelbar. Und der Mensch ist nicht in der Lage, sie zu bezwingen. Unbestreitbar. Aber Gott ist dabei, sie an die Leine zu nehmen und das Chaos einzugrenzen. Tag für Tag. *Klaus Bieberstein*

STOLPERSTEIN 20
»Wirst du an den Toten Wunder tun?«
Zur Frage der Auferstehung der Toten nach dem Alten Testament

> Wirst du an den Toten Wunder tun,
> werden Schatten aufstehn, um dich zu preisen?
> Erzählt man im Grab von deiner Huld,
> von deiner Treue im Totenreich?
> Werden deine Wunder in der Finsternis bekannt,
> deine Gerechtigkeit im Land des Vergessens?
> (Ps 88,11-12)

Solche Sätze klingen herb und hart. Die Beterin oder der Beter des Psalms geht ganz nüchtern davon aus, dass der Gott der Bibel ein Gott der Lebenden sei – und wer aus dem Reich des Lebens ausscheide, sei auch seinem Arm entzogen. So feilscht die Beterin oder der Beter mit Gott in letzter Not, er möge endlich eingreifen, oder er werde einen Untertan an den Tod verlieren.

Erstaunlich? Wir finden im Alten Testament weit weniger Stimmen, die an eine Auferstehung der Toten glauben, als in unserer heutigen Gesellschaft. So meint Kohelet (9,5-6) lakonisch: »Die Lebenden erkennen, dass sie sterben werden; die Toten aber erkennen überhaupt nichts mehr. Sie erhalten auch keine Belohnung mehr; denn die Erinnerung an sie ist in Vergessenheit versunken. Liebe, Hass und Eifersucht gegen sie, all dies ist längst erloschen. Auf ewig haben sie keinen Anteil mehr an allem, was unter der Sonne getan wurde.«

Und doch vernehmen wir – wenngleich zunächst noch verhalten – auch andere Stimmen wie Ps 73, der vielleicht zum ersten Mal – für damalige Leserinnen und Leser irritierend neu – bekennt, Gottes Arm werde an der Grenze des Todes nicht hilflos enden. Vielmehr werde der Beter oder die Beterin im Schritt über die Todesgrenze nicht in einen gottlosen Abgrund fallen, sondern auf Gott zugehen.

Und in den jüngsten Schriften des Alten Testaments findet sich schließlich das Hoffnungswort, Gott werde die Opfer der Geschichte nicht vergessen, sondern einst, wenn die Menschengeschichte mit ihren Niederträchtigkeiten vorbei sei, ihr Bündel noch einmal aufknüpfen und ihnen jenes Leben schenken, das ihnen von ihren Mitmenschen zu Lebzeiten vorenthalten worden sei (Dan 12; 2 Makk 7).

Nur ihnen, den Opfern der Geschichte allein, sprechen diese Stimmen ein neues Leben zu, und es wird klar: Es geht ihnen nicht um Jenseitsspekulationen, nicht um Astralleiber und Seelenwanderung. Sondern es geht ihnen um einen Blick auf die Opfer, zu denen der Engel der Geschichte zurückeilen will, um die Toten zu wecken und die Geschlagenen zu heilen.

Klaus Bieberstein

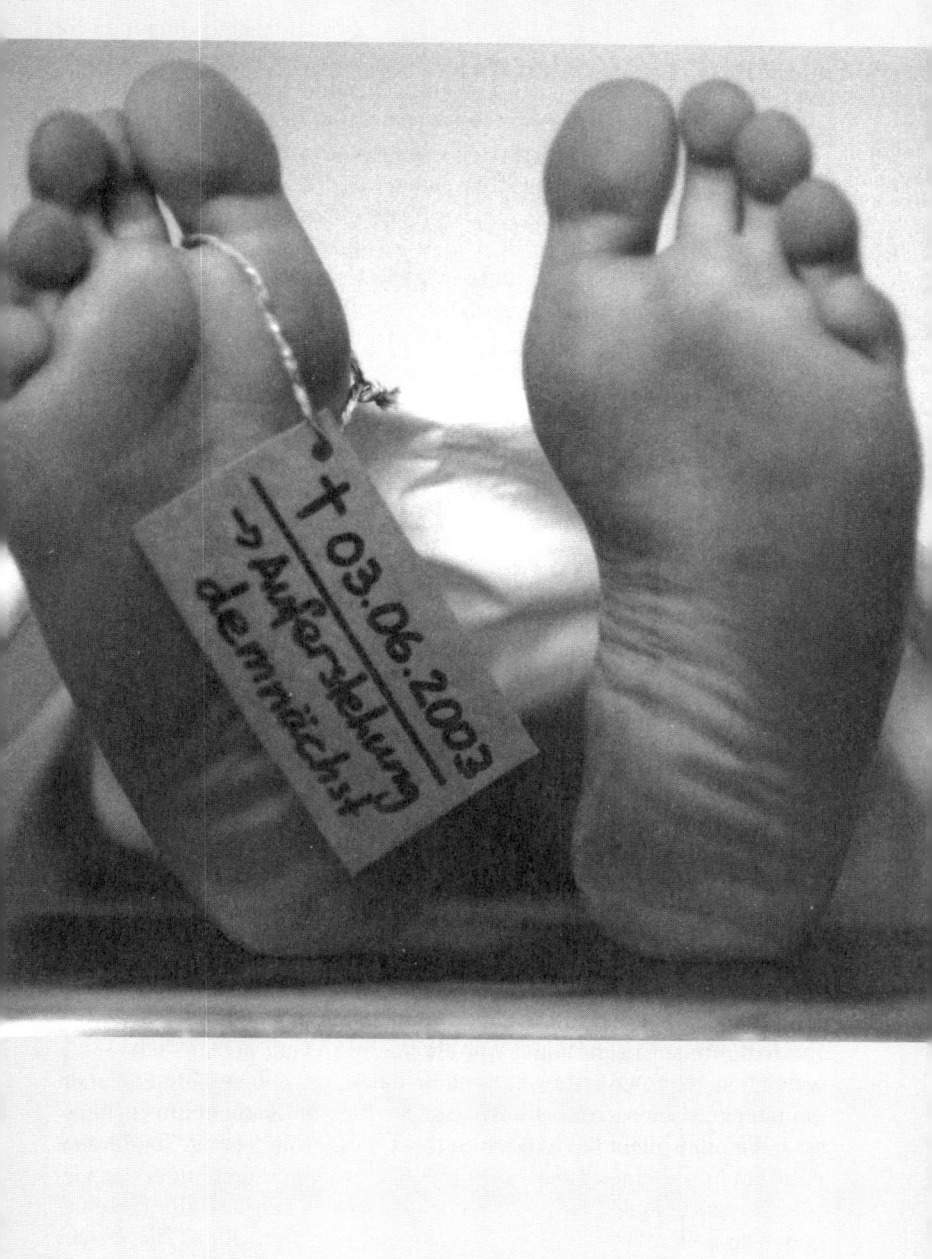

STOLPERSTEIN 21
Wie kann man Kindermord selig preisen?

> Tochter Babel, du Zerstörerin!
> Wohl dem, der dir heimzahlt,
> was du uns getan hast!
> Wohl dem, der deine Kinder packt
> und sie am Felsen zerschmettert!
> (Psalm 137,8-9)

Nein, wir lesen hier nicht den Anfang eines Drehbuches für einen Abenteuerfilm à la »Der Graf von Monte Christo« oder eines Western. Denkbar wäre es: Der Held steht vor den Ruinen seines Lebens und schwört Rache. Sein Fluch setzt den Racheweg in Gang. Die Story nimmt ihren Lauf.

Als Unterhaltungsfilm mag so etwas hingehen. Aber wie kann die Bibel jemand selig preisen, der die Kinder Babels »packt und am Felsen zerschmettert«? Immerhin ist das Buch der Psalmen das Gebetbuch der jüdischen und christlichen Tradition. Diejenigen, die im Psalm vor Gott die Feinde verfluchen, wurden aus dem zerstörten Jerusalem (587 v. Chr.) nach Babylon (heute im Irak) deportiert. Doch während im Film der Racheschwur den Kampf gegen das oder besser die Bösen in Gang setzt, steht der Rachewunsch im Psalm am Ende eines Gebetes. Diese Betenden können ihre Niederlage nicht rächen, ihnen bleibt nur der Fluch. Er ist die Waffe der Machtlosen – und als solche hat er entlastende Funktion. Denn so ersetzt das Wort die Tat! Schlimmes wird erträglicher, wenn man hemmungslos klagen oder fluchen kann. Hier wünschen Menschen vor Wut oder Trauer dem Feind alles nur erdenklich Böse, in wahllosen Vernichtungsphantasien. Sie bitten Gott zwar nicht direkt um Erfüllung ihrer Rache, aber sie hoffen auf Segen für diejenigen, welche die Rache ausführen.

Das Ende des Gebetes lässt es jedoch offen, ob Gott wirklich diese Rache mit Segen belohnt. Stattdessen wird die Rache in die Hand Gottes gelegt, und das sollte immer so sein, nicht nur bei den Ohnmächtigen, sondern auch bei den Mächtigen. Denn dort ist Rache immer unmäßig und trifft meist Unschuldige. Wer die Rache an Gott delegiert, lässt allmählich auch die Offenheit entstehen, dass Gott andere Mittel hat, Gewalttätern zu begegnen, als Menschen, die vor Rachegelüsten blind sind. Wie, das bleibt Gott überlassen.

Ulrike Bechmann

"Haste ma' ne Mark?« Oder Euro, Franken, oder wie immer die Währung heißt. Wer wurde nicht schon so in Fußgängerzonen der Städte angehauen. Und wer kennt nicht das Gegenargument: »Ich gebe nichts. Ich würde den Leuten ja was zu essen kaufen, aber wenn ich Geld gebe, dann vertrinken sie es bloß. Das kann ich nicht unterstützen.« Und stimmt es nicht? Alkoholisiert kommen solche Leute nie auf die Beine.

Merkwürdigerweise gibt es in der Bibel durchaus eine andere Sicht. »Den Armen aber gib Wein zu trinken, damit sie ihr Unglück vergessen.« (Spr 31,6). Diesen Rat gibt eine fremde »Queen Mum« ihrem Sohn, einem König Lemuel. Wo dieser König Lemuel regiert, bleibt unbekannt. Man vermutet, dass die Weisheit aus Spr 31,1-9 in einem der Nachbarstaaten Israels zuhause ist. Etwa im 4. oder 3. Jh. v. Chr. fanden diese Verse Eingang in das Buch der Sprüche. Man muss kein Blaukreuzler sein, um sich über eine solche »Weisheit« zu wundern. Den Armen Wein geben, damit sie ihr Unglück vergessen? Ist das nicht Vertröstung pur statt Hilfe und Unterstützung?

Man muss die Verse davor mitlesen, um zu erkennen, dass es hier eigentlich um Königsweisheit geht. Wie muss sich ein König verhalten zum Wohl seines Volkes? Denn Recht schaffen kann in einer hierarchisch aufgebauten Gesellschaft nur der König – und deshalb wird *ihm* der Wein verboten, damit er das Recht nicht vergisst. Die Armen aber, das sind die Menschen auf dem Land, die Mehrheit der Bevölkerung. Das Leben auf dem Land ist hart und bedroht: Missernten kann es immer geben und von Ackerbau und Kleinviehzucht wird man in Palästina nicht reich. Dazu kommen die Steuern, nicht nur für den eigenen König, sondern auch noch für die jeweils herrschende Großmacht, seien es die Babylonier, die Perser oder die Griechen. Der Landbevölkerung also, diesen Armen soll der König Recht schaffen. Wo er aber selbst nur Vasall ist und das nicht schafft, da ist das Sprüchebuch nachsichtig: Da soll der König wenigstens für Wein sorgen, damit den Armen das Leben leichter wird.

Ulrike Bechmann

> STOLPERSTEIN 22
>
> **Drogen gegen die Not?**
>
> Gebt berauschenden Trank dem,
> der zusammenbricht,
> und Wein denen, die im Herzen verbittert sind.
> Ein solcher möge trinken
> und seine Armut vergessen
> und nicht mehr an seine Mühsal denken.
> (Spr 31,6-7)

Liebe tüchtige (Ehe- und Haus-)Frau

So spreche ich Sie an, weil von Ihnen im Buch der Sprichwörter oder Sprüche Salomos (Spr 31,10-31) in dieser lobenden Form gesprochen wird. Ich weiß nicht, wer sich zu diesem kunstvollen Gedicht verstiegen hat. Ist es ein Mann? Jedenfalls nützen Sie Ihrem Mann sehr, denn »Ihr ganzes Leben lang machen Sie ihm Freude und enttäuschen ihn nie.« (V. 12) Sie sind, so würde man heute sagen, eine »Superfrau«, ja eine begnadete Managerin, die zu wissen scheint, was sie ihrer Familie, ihrem Ehemann und ihren Kindern schuldig ist. Mutter ist die »Allerbeste« (V. 29). Oh, welch eine vorbildliche Frau. »Alles, was im Haus geschieht, behält sie im Auge; Müßigang ist ihr unbekannt.« (V. 27) Erlauben Sie mir, als Mann zu reagieren. Vielleicht bin ich da anders als die altorientalischen Männer: Mir macht eine solche »Powerfrau« Angst! Ich freue mich zwar, wenn ich mich auf Sie verlassen kann und Sie meinen – wohl eher unseren gemeinsamen – Besitz bewahren und mehren (V. 11). Ich wehre mich aber dagegen, wenn mein wohl doch eher männlicher Vorfahre meint, Sie aufgrund Ihrer Tüchtigkeit und Gottesfurcht rühmen zu müssen, Anmut und Schönheit aber als vergänglich und deshalb als unwichtig taxiert (V. 30). Da halte ich es viel lieber mit dem einleitenden Bild unseres Gedichtes, wo von der Perle oder dem kostbaren Juwel gesprochen wird. Sie haben ihren je inneren Wert. Sie besitzen Schönheit von Natur aus und müssen nicht zwanghaft zuerst eine Leistung erbringen. Als Frau und als Mann sind wir auch wie Perlen. Wenn wir unsere Muschelschalen öffnen, wird mehr sichtbar als einfach Tüchtigkeit. Unsere Gaben, und dazu gehören auch Anmut und Schönheit, sind vielfältiger und als solche eben von Gott gegeben.
Ich grüße Sie, liebe Schwester, und hoffe, dass wir miteinander unsere jeweiligen Werte und Gaben leuchten lassen können zu unserem Wohl und dem Wohl aller.

Ihr Urs Joerg

STOLPERSTEIN 23
Auch für Männer zu lesen!

Eine tüchtige Frau, wer findet sie? Sie übertrifft alle Perlen an Wert. Das Herz ihres Mannes vertraut auf sie, und es fehlt ihm nicht an Gewinn. Sie tut ihm Gutes und nichts Böses alle Tage ihres Lebens. Sie sorgt für Wolle und Flachs und schafft mit emsigen Händen.
(Spr 31,10-13)

STOLPERSTEIN 24
Was haben ganz profane Liebeslieder in der Bibel zu suchen?

Schön bist du, meine Freundin, ja, du bist schön. Hinter dem Schleier deine Augen wie Tauben. Dein Haar gleicht einer Herde von Ziegen, die herabzieht von Gileads Bergen ... Deine Brüste sind wie zwei Kitzlein, wie die Zwillinge einer Gazelle, die in den Lilien weiden ... Alles an dir ist schön, meine Freundin, kein Makel haftet an dir. (Hld 4,1.5.7)

Die Titelfrage tut so, als wäre die Bibel ein gegebenes Gefäß, in welches dann Texte einzufügen wären. Die Frage müsste sich dann an jeden Text stellen lassen, etwa so: Was haben *ganz profane Mordszenen* in der Bibel zu suchen? Oder: Was haben *ganz profane Rechtssätze* in der Bibel zu suchen? Jeder Text wäre dann von entsprechenden Lobbyisten salon-, pardon: bibelfähig zu reden.

So ähnlich aber hat es sich abgespielt gerade mit dem Hohelied. Was in die hebräische Bibel aufgenommen werden konnte dank der Tradition, wonach Salomo sein Verfasser war (Ihr erinnert Euch: 700 Hauptfrauen und 300 Nebenfrauen – mehr als das für Moralisten unterschiedlicher Härtegrade zuträgliche Maß ...), lag christlicher Theologie auf den sensiblen Kirchenvätermägen. Der konsequente Ausbau einer leibfeindlichen Grundstimmung im Christentum (in eklatantem Widerspruch zu Dem, Der prasste und soff, Der die Salbe der Hure nicht verschmähte, Der das Reich Gottes in den Farben des Gastmahls schilderte, an Dessen Brust ein Lieblingsjünger lehnte) rief nach einer Deutung des Hoheliedes, welche jenem die erotischen Zähne zog. In Bernhard von Clairvaux (einem großen Mystiker, Diplomaten und Kriegshetzer) fand das hebräische Liebeslied seinen lateinischen Meister; es wurde salon-, pardon: bibelfähig geredet und geschrieben durch den Versuch, die Augen (wie Tauben), die Haare (wie eine Ziegenherde), die Zähne (wie eine Herde frischgeschorener Schafe), die Lippen (wie Karmesinband), die Brüste (wie zwei Böcklein der Gazelle) der Braut auf die Kirche als jener zu beziehen, die auf ihren Geliebten Jesus wartet.

Fürwahr: Ein Bild von Kirche, welches mich, den trockenen Reformierten, entflammen könnte! Nur eben auch ein Bild *auf Kosten* jener namenlosen und deshalb auch meiner Braut, die den Geliebten nicht nur erwartete, sondern umschmeichelte, verführte, in Taumel versetzte. Kann, darf, will ich sie und ihre Wildheit, Zartheit verlassen und unter den Schirm des katholischen Kirchenrechts, des lutherischen Bekenntnisses, der reformierten Kirchenordnung eilen? Streik! Und die Umdrehung der Frage: Was wäre die Bibel, was bliebe von der Bibel *ohne* ganz profane Liebeslieder?

Marc van Wijnkoop Lüthi

STOLPERSTEIN 25
Spricht die »Menschensohnvision« Daniels von Jesus?

Da kam mit den Wolken des Himmels einer wie ein Menschensohn. Er gelangte bis zu dem Hochbetagten und wurde vor ihn geführt. Ihm wurden Herrschaft, Würde und Königtum gegeben. Alle Völker, Nationen und Sprachen müssen ihm dienen. Seine Herrschaft ist eine ewige, unvergängliche Herrschaft. Sein Reich geht niemals unter. (Dan 7,13-14)

Eine der eindrücklichsten Visionen, die uns das Buch Daniel schildert, ist die Vision des Menschensohns. Das Volk der Juden befand sich in einer sehr schlimmen Lage – es war wohl die Zeit der Verfolgung durch Antiochus IV. Epiphanes (175-164 v. Chr.). Die Geschichte Gottes mit seinem Volk schien zu Ende zu gehen. Und doch gab der Seher Daniel seine Hoffnung nicht auf. Was seine Glaubensbrüder und -schwestern bereits alles erlebt hatten, erschien ihm in Gestalt von vier schrecklichen Tieren, die eines nach dem anderen aus dem Meer, dem Ort des Unheils gekommen waren: ein Löwe, ein Bär, ein Panther; das vierte Tier war so schrecklich, dass es mit nichts mehr verglichen werden konnte. Die vier Tiere waren Sinnbilder der menschenverachtenden Regime, unter denen die Frommen zu leiden hatten: das babylonische, das medische, das persische Reich und das Reich Alexanders des Großen. Im weiteren Verlauf der Vision sollte Gott über diese Reiche Gericht halten. Denn wenn Gott zu seinem Wort steht – und darüber durfte es keinen Zweifel geben – dann wird er diese Reiche überwinden und so sein Volk erretten.

Im nächsten Akt sah Daniel in seiner Vision eine lichte Gestalt vom Himmel her kommen *wie ein Menschensohn*. Ihm wurden Herrschaft, Würde und Königtum gegeben; alle Völker, Nationen und Sprachen sollten ihm dienen … (vgl. Dan 7,13-14).

So viel dürfte klar sein: So wie die vier Tiere vier Reiche versinnbildlichten, so geht es auch bei ihrem Gegenüber, dem *Menschensohn*, zuerst einmal um ein Reich, um einen – im Unterschied zu den *großen Tieren* aus dem dunklen Meer – lichten, menschlichen Umgang der Menschen miteinander. Der *Menschensohn* also als Zeichen für die Treue Gottes, der das Dunkle und Menschenverachtende überwinden und dem Hellen, der Menschenwürde zum Sieg verhelfen wird.

Als fast 200 Jahre später *Jesus* in Galiläa auftrat, erinnerten sich seine Jüngerinnen und Jünger an Daniels Vision. Sie sahen in Jesus jenen Menschensohn, der inmitten einer Welt von Gewalt und Hass ein ganz anderes »Regime«, nämlich das Reich *Gottes* ankündigte und praktizierte.

Hermann-Josef Venetz

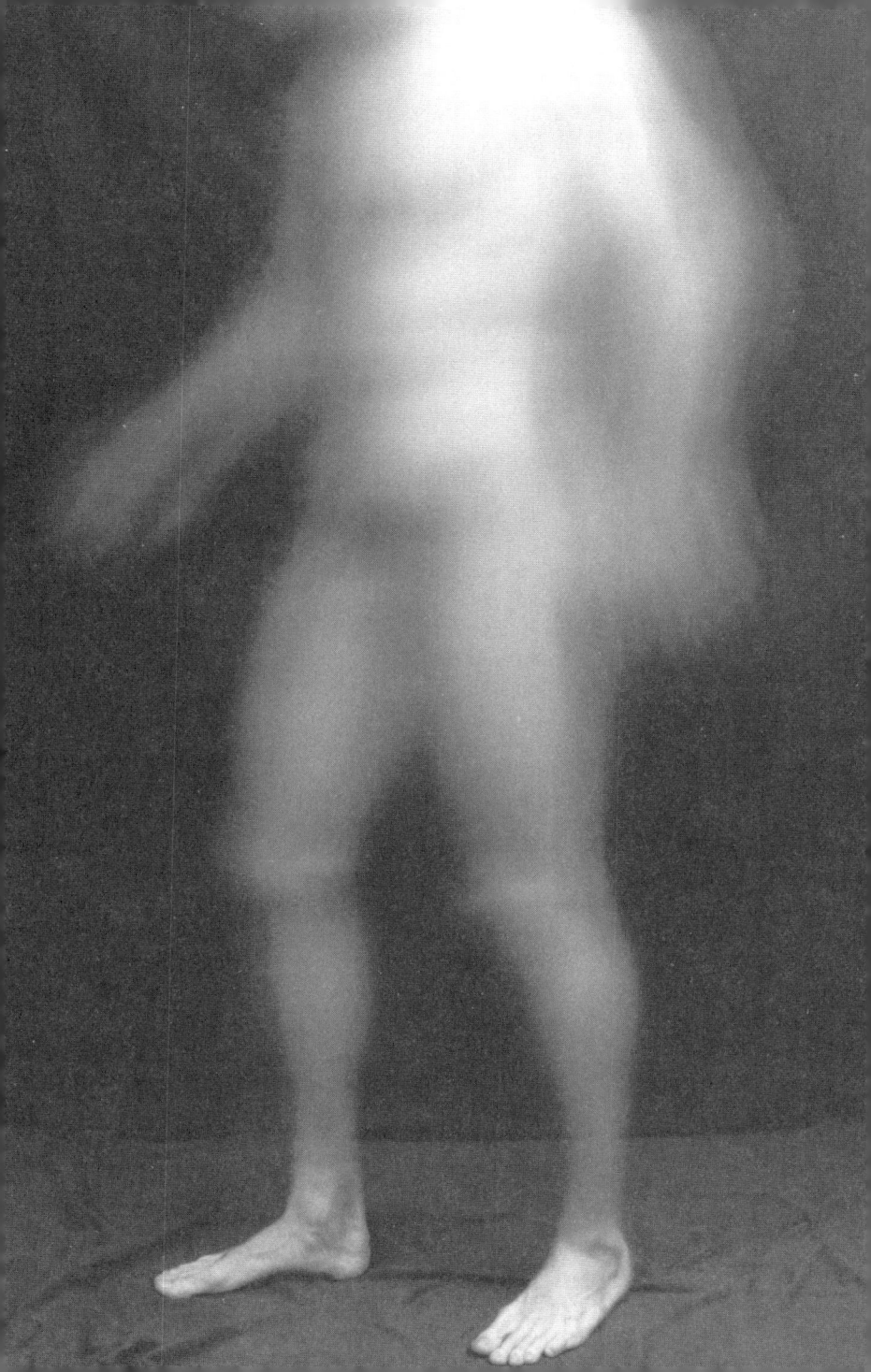

Wann ist ein Prophet ein wahrer Prophet? »Wenn«, so sagt die Bibel, »ein Prophet im Namen des Ewigen spricht und sein Wort sich nicht erfüllt und nicht eintrifft, dann ist es ein Wort, das der Ewige nicht

STOLPERSTEIN 26
Jona stolpert

Da machte sich Jona auf und ging hin nach Ninive, wie der HERR gesagt hatte. Ninive aber war eine große Stadt vor Gott, drei Tagereisen groß. Und als Jona anfing, in die Stadt hineinzugehen und eine Tagereise weit gekommen war, predigte er und sprach: Es sind noch vierzig Tage, so wird Ninive untergehen. Als aber Gott ihr Tun sah, wie sie sich bekehrten von ihrem bösen Wege, reute ihn das Übel, das er ihnen angekündigt hatte, und tat's nicht. Das aber verdross Jona sehr und er wurde zornig. (Jona 3,3-4.10b; 4,1)

gesprochen hat.« (Dtn 18,22) Wahre Prophetinnen und Propheten sind demnach daran zu erkennen, ob das von ihnen Vorhergesagte eintrifft. Stimmt dies? Was ist dann mit dem Propheten Jona, jenem Propheten, der von Gott den Auftrag erhielt, nach Ninive zu gehen und dort zu predigen, weil das Unrecht dieser Stadt bis in den Himmel gedrungen ist? »Noch vierzig Tage, und Ninive ist zerstört!« (Jona 3,4) Das predigt er, nachdem er den Versuch unternommen hatte, vor Gott zu fliehen, um diesen Auftrag nicht ausführen zu müssen. Was geschieht? Jona hat mit seiner Predigt Erfolg. Die Leute tun Buße. Statt dass die angekündigte Strafe folgt, lässt Gott Gnade walten. Er verschont die Stadt und ihre Bewohner vor seinem Zorngericht und blamiert damit Jona.

Ist er nun ein falscher Prophet? Was er angekündigt hat, ist nicht eingetroffen. Er steht im Abseits. Er rechtet mit Gott: Was macht es für einen Sinn, den Untergang anzusagen, der nicht eintrifft? Was macht es für einen Sinn, einen Auftrag Gottes auszuführen, wenn sich dann Gott selbst nicht an das hält, was er gesagt hat? Oder ist Jona kein falscher Prophet, dafür aber Gott ...?

So viel ist sicher: Jona hat mit Gott ein Problem. Und Gott mit Jona? Auch das. Denn die Wahrheit, wie Jona sie versteht, hat nur Tote zur Folge. Gott aber hat keinen Gefallen am Tode des Gottlosen, sondern er will, dass er umkehrt und am Leben bleibt. Zwar muss Jona den Untergang im Auftrage Gottes ohne Wenn und Aber verkündigen. Gerade weil er die Katastrophe so drängend ansagt, ändern die Leute ihr Verhalten und tun Buße, »wer weiß, vielleicht reut es Gott« (Jona 3,9). Es ist dieses »Vielleicht«, das einen Spalt öffnet, die Katastrophe zu vermeiden. Jona stolpert über das »Vielleicht«. Denn: Wäre Ninive zerstört, er wäre ein wahrer Prophet – oder nicht? *Hanspeter Ernst*

STOLPERSTEIN 27
Hat Jesus den Frieden oder das Schwert gebracht?

Ich bin nicht gekommen, den Frieden zu bringen, sondern das Schwert.
(Mt 10,34)

Dieses Jesuswort aus dem Matthäusevangelium bringt mich zum Stolpern, weil es allem widerspricht, was ich sonst von Jesus weiß: Er ist es doch, der in seiner Bergpredigt die Friedensstifter seliggepriesen hat.

Schaue ich ins Matthäusevangelium, dann finde ich den Satz vom Schwert in einer Rede (10,5-42), in der Jesus seine Jüngerinnen und Jünger darauf vorbereitet, was ihnen bei ihrer Verkündigung des Reiches Gottes alles widerfahren wird. Er weist sie an, jedem Haus, in das sie kommen, *Frieden* zu wünschen (10,12). Aber er bereitet sie gleichzeitig darauf vor, dass sie immer wieder auch keine Aufnahme finden würden. »Wie Schafe mitten unter die Wölfe« seien sie geschickt und bräuchten deshalb eine den Schlangen vergleichbare Klugheit (10,16)!

Hier geht es um eine ärgerliche Erfahrung, die Jesus selbst auch gemacht hat: Den Friedfertigen begegnet man nicht mit Frieden, sondern allzu oft mit Ablehnung, ja mit Hass und Gewalt. Die Arglosen wie die Tauben und die Friedfertigen werden nicht ernst genommen, sie werden verspottet, ausgenutzt, und allzu oft kommen sie unter die Räder.

Matthäus versucht den Nachfolgern Jesu Mut zu machen. Sie sollen nicht ins offene Messer laufen. Ihre Arglosigkeit in allen Ehren, aber sie sollen nicht meinen, dass es allein schon genüge, wenn sie in friedfertiger Absicht kämen. Auch wenn sie Frieden bringen wollen, Versöhnung und Eintracht, provozieren sie doch Streit und Zwietracht. Das war schon bei Jesus so: Je mehr Zulauf er von der einen Seite bekam, desto massiver wurde der Widerstand von der anderen, bis zum bitteren Ende. Er wollte den Frieden bringen – und gekommen sind Spott und Hohn, die Geißel, und schließlich das Kreuz, symbolisch: »das Schwert«. Macht euch nichts vor, sagt Matthäus, eure Botschaft ist in keiner Weise harmlos. Ihr verkündet keinen Friede-Freude-Eierkuchen-Jesus. Ihr müsst mit den schlimmsten Reaktionen rechnen.

Was mich heute nachdenklich macht: Stimmt das für uns hierzulande auch noch? Wo provozieren wir denn mit unserer christlichen Botschaft solche Widerstände? Haben wir uns womöglich bereits so angepasst, dass vom Beunruhigenden der Jesusbotschaft gar nichts mehr zu spüren ist? Um des lieben Friedens willen?

Dieter Bauer

Diese Anweisung Jesu hat die Kirche – im Gegensatz zu anderen – nicht wörtlich verstanden. Keinem Kind wurde verboten, seinen Vater mit Papa anzusprechen. Und im Gegensatz zum Bibelwort wurde die Anrede von Ordenspriestern als Pater (lateinisch für Vater) und des Bischofs von Rom als Heiliger Vater eingeführt.

Was ist der Sinn der Anweisung? Der Zusammenhang zeigt: Es geht Jesus um die Aufhebung aller irdischen Autoritäten. Wo Gott als Vater aller Menschen zum Zuge kommt, verlieren die Familien- und die Kirchenväter ihren Sonderstatus. Wo Jesus sich als »Meister« und »Lehrer« seiner Jüngerinnen und Jünger erweist, entsteht eine Nachfolgegemeinschaft von Gleichgestellten. Kirchliche und akademische Titel und alle Formen von Vorrangstellung aufgrund von Geschlecht, Reichtum oder Frömmigkeit büßen ihre herkömmliche Bedeutung ein, Unterschiede zwischen »oben« und »unten«, »ersten« und »letzten« herzustellen und zu rechtfertigen. Das ist ein Grundzug der Botschaft Jesu, der in scharfem Kontrast sowohl zur damaligen »patriarchalen« Lebensordnung wie auch zu heutigen Erfahrungen steht. Von einer geschwisterlichen Gemeinschaft sind wir weit entfernt – keineswegs nur wegen der Ordnung des Kirchenrechts, das »Patres« und »Heilige Väter« ausdrücklich vorsieht, sondern weil auch im kirchlichen Alltag die gesellschaftliche Ordnung unkritisch kopiert wird: Erwachsene haben mehr zu sagen als Kinder, der Herr Direktor und die Frau Doktor mehr als die einfache Mitarbeiterin, Deutsche mehr als Ausländer, der Kirchengemeinderatsvorsitzende mehr als die Studentin, die in der Gemeindeversammlung nach dem Verhältnis zwischen der teuren Kirchenrenovation und dem kleinen Kredit für Entwicklungshilfe zu Gunsten der notleidenden Schwestern und Brüder fragt.

Stolperstein ist das Gebot Jesu, »niemand Vater zu nennen« nicht nur, wenn wir es wörtlich nehmen – sondern erst recht, wenn wir seine Absicht erfassen, die selbstverständlichen Rollenmuster aufzubrechen: Ihr alle seid Brüder und Schwestern – nur einer ist euer mütterlicher Vater: der im Himmel.

Daniel Kosch

> **STOLPERSTEIN 28**
> **Vaterlose Kirche?**
> Auch sollt ihr niemand auf Erden euren Vater nennen; denn nur einer ist euer Vater, der im Himmel.
> (Mt 23,9)

STOLPERSTEIN 29
Wieso geben die klugen Jungfrauen nichts von ihrem Öl ab?

Als nun der Bräutigam lange ausblieb, wurden sie alle schläfrig und schliefen ein. Um Mitternacht aber erhob sich lautes Rufen: Siehe, der Bräutigam kommt! Geht hinaus, ihm entgegen! Da standen diese Jungfrauen alle auf und machten ihre Lampen fertig.
(Mt 25,5-7)

Wäre das nicht eine wunderschöne Geschichte: Die Geschichte von den zehn jungen Frauen, die alle zum Hochzeitsfest geladen sind und auf den Bräutigam warten. Aber der kommt nicht, und so schlafen alle ein. Und plötzlich ist er da, und alle Frauen nehmen ihre Lampen und wollen ihm entgegengehen. Doch o Schreck: Fünf von ihnen haben kein Öl! Sie bitten deshalb die anderen, die gut vorgesorgt haben, ihnen etwas abzugeben. Und siehe da – nach anfänglichem Zögern sind diese bereit zum Teilen! Das große Fest kann für alle beginnen. Das wäre doch eine Geschichte ganz im Sinne Jesu oder des heiligen Martin: ein Aufruf zum Teilen, damit niemand ausgeschlossen ist von der Freude des Reiches Gottes!
Aber oh weh! Die Geschichte hat einen anderen Fortgang: Die fünf dummen Frauen müssen sich auf die Suche nach Öl machen und verpassen so das Fest. Wie ärgerlich!
Was soll dieser provozierende Ausgang? Was hat es mit dem Öl auf sich, das man nicht teilen kann? Es ist offenbar keine Ware, die wir uns schnell noch besorgen könnten, sondern eher etwas, für das wir – vielleicht unser ganzes Christenleben lang – selber verantwortlich sind. Öl bringt Lampen erst zum Leuchten. Was bringt uns zum Leuchten, sodass es ein wenig heller und wärmer um uns herum wird? Kein Etwas, mit dem wir uns anfüllen könnten. Das Öl, um das wir uns am besten bei Zeiten kümmern, ist eher eine innere Haltung, etwas, das wir entwickeln müssen. Ich nenne es unsere Liebesfähigkeit. Es geht dabei nicht um den Traum von der großen Liebe, die irgendwann einmal passieren sollte, sondern darum, Schritt für Schritt das Liebhaben zu lernen. Eine Lampe leuchtet für alle. Zur Liebe fähig werden wir, wenn wir unsere Herzen öffnen und unser Lieben nicht beschränken auf die, die uns nahe und sympathisch sind. Zum Glück haben wir noch Zeit, um innerlich zu wachsen, um liebesfähiger und damit klüger zu werden.

Angela Römer

"Bei uns muss ihr Geld arbeiten!«, so lautete vor einigen Jahren der Werbespruch einer Bank. Zinsen zu erwirtschaften ist eine in der Bibel sonst nicht unumstrittene Möglichkeit, reicher zu werden. Im Gleichnis von den anvertrauten Talenten (Mt 25,14-30) jedoch wird gelobt, wer das erhaltene Geld verdoppelt, und zwar unabhängig davon, wie viel es war. Was passiert hingegen mit dem dritten Mann, der sein Talent vergraben hat? Er wird gescholten und hinausgeworfen in die Finsternis, dorthin, wo Heulen und Zähneknirschen herrschen. Obwohl er erklären kann, warum er so gehandelt hat: aus Angst vor seinem Chef, den er als harten Menschen kennengelernt hatte. Das Urteil, das dieser deswegen über ihn fällt, bestätigt seine Einschätzung.

Harte Chefs gibt es bis heute zahlreiche, und Risikofreude gilt auch bei uns mehr als Vorsicht. Lesen wir diese Geschichte als mahnende Beschreibung einer gesellschaftlichen Realität, können wir nur hoffen, dass der Mann »draußen« auf Menschen trifft, für die Nächstenliebe kein Fremdwort ist. Lesen wir sie jedoch als Gleichnis, das uns etwas über das Kommen des Reiches Gottes sagen will, geraten wir ins Stolpern: Kann man dort nur die Tüchtigen gebrauchen? Sehen wir gar in der Figur des harten Herrn ein Bild Gottes, bekommen wir Angst – oder wir müssen sagen: Nein, so ist mein Gott nicht.

Ich lese dieses Gleichnis als eine Geschichte über Beziehungen und Vertrauen. Bei den beiden ersten Knechten gelingt es: Was der Herr ihnen zutraut, können sie erfüllen, denn er kennt ihr individuelles Potential. Der dritte Knecht nimmt das Zutrauen nicht wahr. Er meint, der Herr sei einer, der »erntet wo er nicht gesät hat«, und merkt nicht, dass gerade das Anvertrauen des einen Talentes eine Saat war, die nun aufgehen könnte. Indem er den Herrn mit seinem harten Bild von ihm konfrontiert, spricht er eigentlich sein eigenes Urteil: Heulen und Zähneklappern herrschen dort, wo kein Vertrauen ist.

Brigitte Schäfer

STOLPERSTEIN 30

Was passiert mit dem Mann, der sein Talent vergraben hat?

Es ist wie mit einem Mann, der auf Reisen ging: Er rief seine Diener und vertraute ihnen sein Vermögen an.
(Mt 25,14)

Wer aus
Arbeitsscheu
bettelt wird
mit Haft
bestraft

Im Zusammenhang mit dem Prozess gegen Jesus vor Pilatus heißt es im Matthäusevangelium: »Da rief das ganze Volk: Sein Blut komme über uns und unsere Kinder.« (Mt 27,25) Daraus ist oft eine Kollektivschuld aller Juden am Tod Jesu abgeleitet worden. Das jüdische Volk habe sich des Gottesmordes schuldig gemacht und sich für Zeit und Ewigkeit verflucht. Hier liegt eine der Wurzeln für die christliche Judenfeindschaft und den Antisemitismus. Aber diese Auslegung des Bibeltextes ist falsch, und die Behauptung der Kollektivschuld am Tod Jesu kann widerlegt werden.

Erstens, weil historisch »die Juden« zur Zeit Jesu gar nicht das Recht hatten, Todesurteile zu fällen. Dieses lag bei den Vertretern der römischen Besatzungsmacht. Die römischen Autoritäten, die durch Pilatus verkörpert werden, sind schuld am Tod Jesu.

Zweitens, weil die Erzählung vom Prozess Jesu kein Augenzeugenbericht ist und das Wort vom Blut, das über »uns und unsere Kinder« kommen soll, nachträglich eingefügt wurde. Damit versuchten die Autoren des Neuen Testaments, die Zerstörung Jerusalems und die Vertreibung der Jüdinnen und Juden durch die Römer im Jahr 70 n. Chr. zu erklären.

Drittens, weil die Vertreter jüdischer Autoritäten und eine kleine Ansammlung von Schaulustigen schon damals nicht »das ganze Volk« waren und ihr Verhalten demzufolge nicht pauschal dem »damaligen Judentum« und erst recht nicht »allen Juden« zur Last gelegt werden darf.

STOLPERSTEIN 31
Selbstverfluchung der Juden?
Da rief das ganze Volk: Sein Blut komme über uns und unsere Kinder.
(Mt 27,25)

Viertens, weil der Tod Jesu bzw. das von ihm vergossene Blut nach dem einhelligen Zeugnis des Neuen Testaments ein Heils- und kein Unheilsgeschehen ist, zur Vergebung der Sünden und zur Überwindung der trennenden Mauern zwischen Menschen, Völkern und Religionen.

Um zu vermeiden, dass der tiefste Sinn des Lebens und Sterbens Jesu zerstört und die lebensbejahende Frohbotschaft in eine Drohbotschaft verkehrt wird, müssen die antijüdischen Vorurteile überwunden werden: Weil sie auf einer falschen Auslegung der Bibel beruhen. Und weil ihre Überwindung für das friedliche Zusammenleben von Judentum und Christentum notwendig ist.

Daniel Kosch

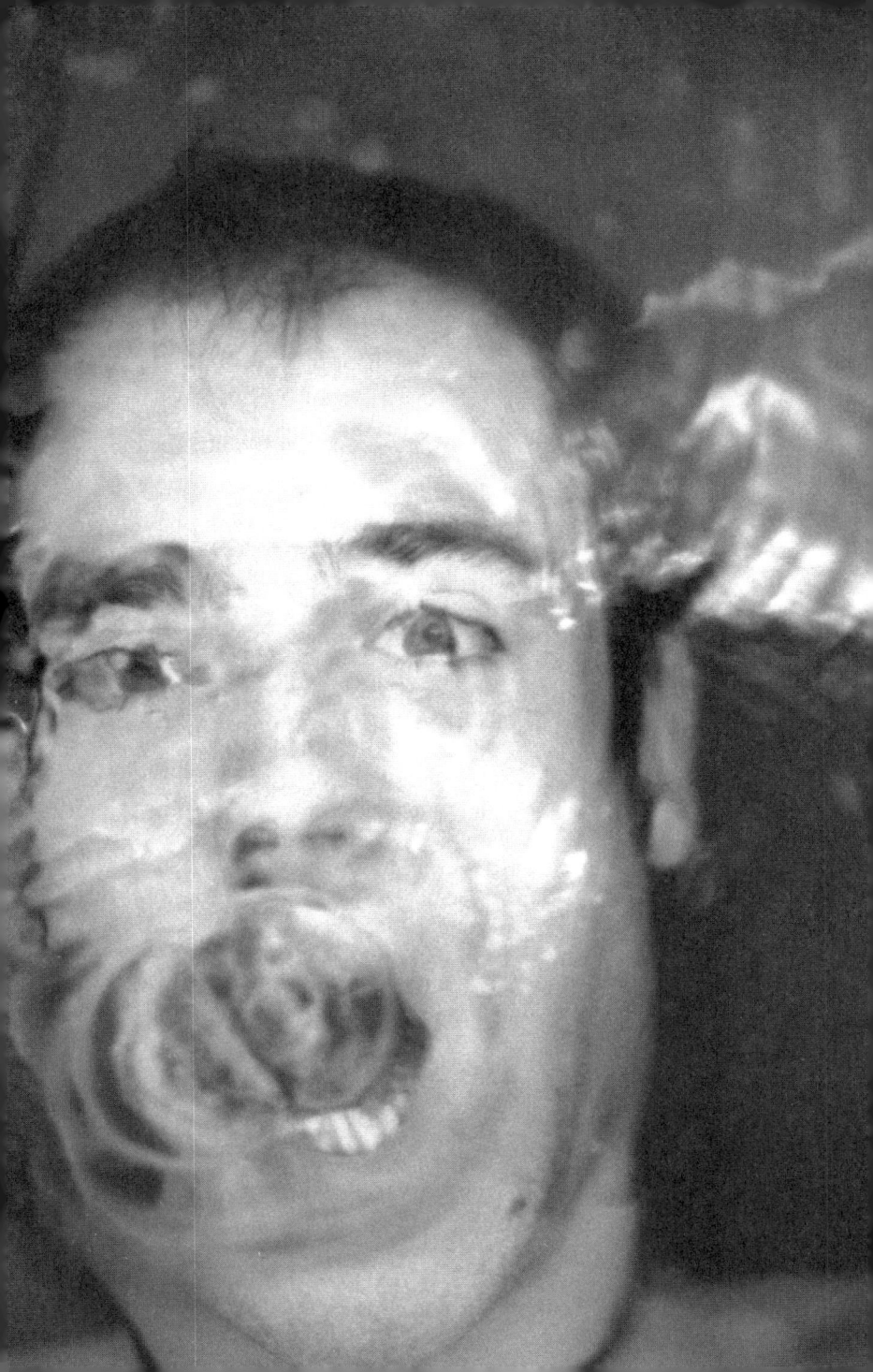

STOLPERSTEIN 32
Warum werden nicht alle geheilt?

Am Abend, als die Sonne untergegangen war, brachte man alle Kranken und Besessenen zu Jesus. Die ganze Stadt war vor der Haustür versammelt, und er heilte viele, die an allen möglichen Krankheiten litten, und trieb viele Dämonen aus. (Mk 1,32-34a)

Jesus ist doch der Sohn Gottes. Warum heilte er trotzdem nicht alle Kranken, denen er begegnete? Warum machte er in seiner Allmacht auf Erden nicht alles gut?

Das erste Wunder Jesu ist eine Heilung. Jesus heilt die Schwiegermutter des Petrus. So berichten es drei der vier Evangelien in der Bibel (Markus, Matthäus und Lukas). Und es folgen gleich viele weitere Heilungen:

»Am Abend, als die Sonne untergegangen war, brachte man alle Kranken und Besessenen zu Jesus. Die ganze Stadt war vor der Haustür versammelt, und er heilte viele, die an allen möglichen Krankheiten litten, und trieb viele Dämonen aus«. (Mk 1,32-34a)

Jesus heilt. Jesus heilt viele. Aber Jesus heilt nicht alle. Zu Hause in Nazaret verlässt ihn sogar die Kraft und er kann keine Wunder tun (Mk 6,5). Manchmal zieht er sich auch zurück, weil es ihm zu viele sind, die geheilt werden wollen, berichten die Evangelien (Mk 3,7-10).

Jesus ist ein Heiler mit Grenzen. Er kann nicht alle heilen. Er kommt nicht siegesgewiss daher und sagt so etwas wie: Jetzt ist alles gut, ich bin ja da. Er kommt verletzlich, hat Mitleid, er weint, er zieht sich zurück, wagt aber immer wieder den Kontakt, gerade zu Kranken.

Meine Frage dreht sich plötzlich auf den Kopf: Eigentlich will ich nicht wissen, warum er viele und nicht alle geheilt hatte. Eigentlich will ich wissen, warum er trotzdem Messias sein kann, wenn er doch Grenzen kannte. Diese Frage beschäftigt schon die Evangelien. Am Kreuz wird er so verspottet: »Anderen hat er geholfen, nun soll er sich selbst helfen, wenn er der erwählte Messias Gottes ist.« (Lk 23,35)

Er kann es nicht, er stirbt. Was uns bleibt, ist kein allmächtiger Pharmakonzern, sondern ein menschlicher Messias Gottes.

Jesus hat geliebt und deshalb auch Grenzen erfahren, am Schluss sogar die Todesstrafe erlitten für seine menschliche Weise, Messias zu sein. Seine Auferstehung bestätigt dieses Leben. Es lässt Wünsche offen. Es weckt Hoffnungen auf Menschlichkeit.

Regula Grünenfelder

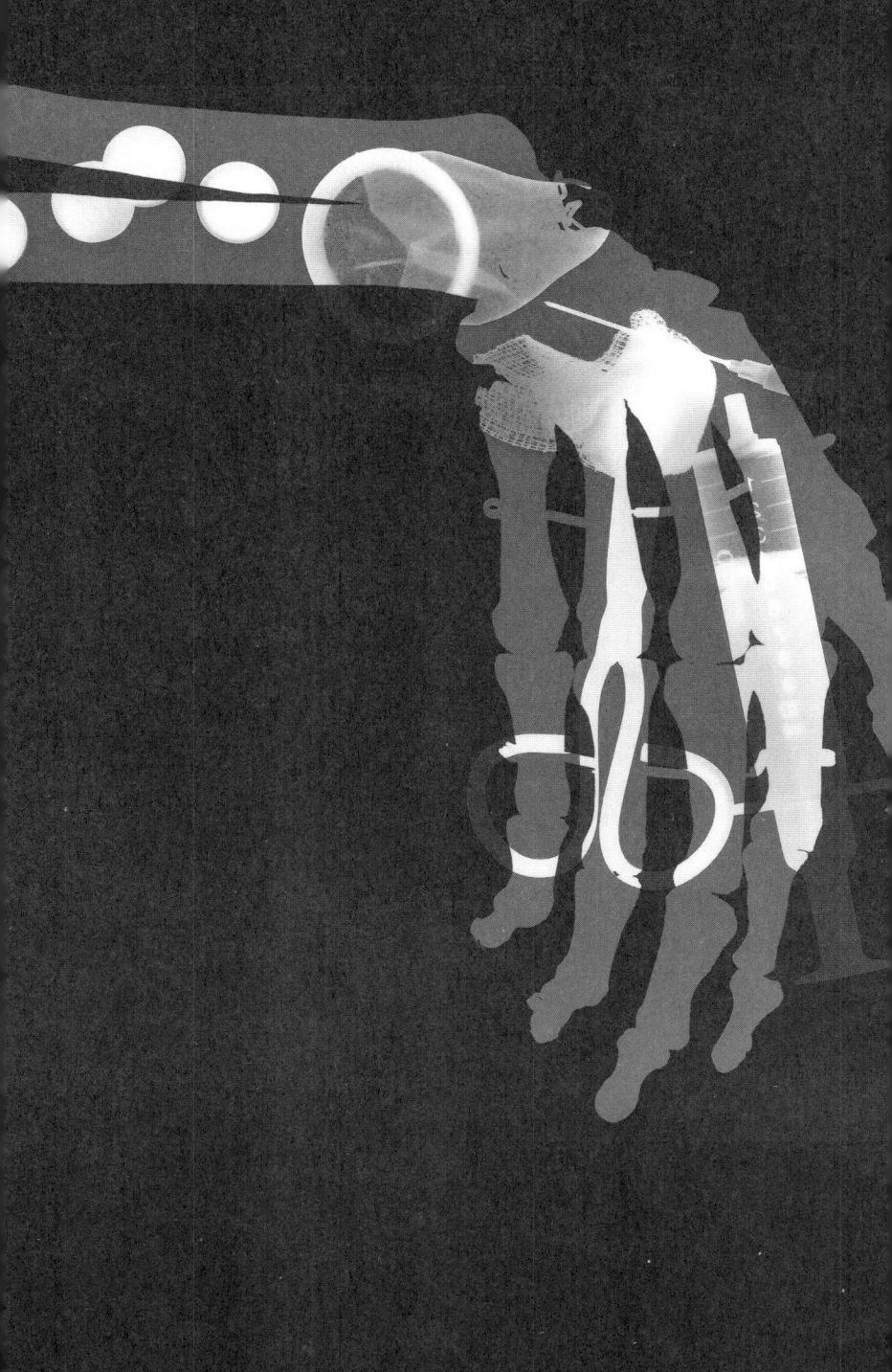

Stellen Sie sich vor: Auf Ihre dringende Bitte bekommen Sie zur Antwort: »Lass zuerst die Kinder satt werden; denn es ist nicht recht, den Kindern das Brot zu nehmen und es den Hündchen hinzuwerfen.« Denken Sie irritiert, dass Sie nicht verstanden worden seien? Ziehen Sie sich gekränkt, verletzt und abgewiesen zurück? Akzeptieren Sie die sachliche Mitteilung? Ducken Sie sich unter den Vergleich mit einem Haushündchen demütig? Setzen Sie sich zur Wehr und pochen auf die Ihnen zustehende Wertschätzung? Oder hören Sie die Erschöpfung aus der Antwort und empfinden Mitleid mit dem Sprecher?

Die Einheimische im ausländischen Tyrus weiß, warum Menschen ins Ausland gehen. Ausgebrannt, erschöpft, vielleicht enttäuscht vom geringen Erfolg aller Anstrengungen sucht auch Jesus Abstand zu bekommen. Seine Kräfte sind verbraucht, sie reichen nicht einmal mehr, um den Kindern Israel das dringend Nötige zu geben. Es kann kaum eine verzweifeltere Einsicht geben als die, im Elementarsten zu versagen. Und so flieht er – offenbar allein – an einen Ort, wo er von niemandem erkannt zu werden hofft, wo niemand etwas von ihm will, wo er auftanken kann.

Und die Einheimische, die auf Heilung für ihre Tochter hofft, hat die Größe, dies wahrzunehmen. Sie nimmt die Antwort nicht persönlich, sondern hört darin die unerwartete Selbstoffenbarung – und kann mit einfühlsamer Gelassenheit auf Jesus eingehen. »Stimmt«, sagt sie: »Das ist auch nicht nötig.« Jesu Kräfte, so ermuntert sie ihn, reichen viel weiter: Die unbeachtet abfallenden Krümel genügen nicht nur für die Kinder Israel, sondern für alle Geschöpfe Gottes.

Damit wird sie Wegweiserin und Lehrerin für Jesus, befreit ihn aus seiner Erschöpfungs-Depression und gibt ihn sich selbst zurück. Sie gesteht ihm seine Mattheit und Erholungsbedürftigkeit zu, lässt sich aber nicht anstecken, bezieht sie nicht auf sich und kann darum daraus herausführen.

Sind wir so vorurteilsfrei, im schwachen Jesus Gott zu erkennen?

Angela Wäffler-Boveland

> STOLPERSTEIN 33
> **Ist die syrophönizische Frau ein Hund?**
>
> Die Frau, von Geburt Syrophönizierin, war eine Heidin. Sie bat ihn, aus ihrer Tochter den Dämon auszutreiben. Da sagte er zu ihr: »Lass zuerst die Kinder satt werden; denn es ist nicht recht, den Kindern das Brot zu nehmen und es den Hündchen hinzuwerfen.«
> (Mk 7,26-27)

> **STOLPERSTEIN 34**
> **Hat Jesus die Ehescheidung verboten?**
> Was aber Gott verbunden hat, das darf der Mensch nicht trennen. (...) Wer seine Frau aus der Ehe entlässt und eine andere heiratet, begeht ihr gegenüber Ehebruch. Auch eine Frau begeht Ehebruch, wenn sie ihren Mann aus der Ehe entlässt und einen anderen heiratet. (Mk 10,9-12)

Von *erlaubt* und *verboten* spricht man im Zusammenhang eines Gesetzes: Eine Handlung, die mit dem Gesetz in Einklang steht, ist erlaubt, eine Handlung, die mit dem Gesetz nicht übereinstimmt, ist verboten.
Im Zusammenhang der Verkündigung Jesu taugen diese Bezeichnungen nicht. Jesus verkündete ja nicht ein Gesetz; er verkündete das *Reich Gottes oder die Herrschaft Gottes* oder wie immer man das nennen will. Man könnte auch sagen: Jesus verkündete das Kommen Gottes und damit verbunden die Vision von einem neuen Menschen und von einer neuen Gesellschaft. Normen und Gesetze reichen hierfür nicht aus.
Das Lehrgespräch zwischen Jesus und den Pharisäern in Mk 10,2-12 macht den Unterschied zwischen *Gesetz* und *Vision des Reiches Gottes* deutlich. Die Pharisäer fragen, wie man eben fragt, wenn es um ein Gesetz geht, das man so oder anders interpretieren und am liebsten umgehen möchte: »Ist dem Mann ›erlaubt‹, seine Frau zu entlassen?« Sie berufen sich dabei auf ein »Gesetz« (Dtn 24,1), nach dem Mose »erlaubt« hat, einen Scheidebrief auszustellen und die Frau zu entlassen.
Jesus fragt nicht nach dem Gesetz; er fragt hinter das Gesetz zurück nach der *Urabsicht Gottes*. »Von Anbeginn der Schöpfung schuf Gott sie als Mann und Frau«, antwortet er. »Von Anbeginn der Schöpfung« also, das heißt, bevor Menschen in ihrer Hartherzigkeit durch Gesetze die ursprüngliche Absicht Gottes, eben die Vision Gottes vom neuen Menschen verdunkelten.
Ähnlich ist die dritte Antithese der Bergpredigt zu verstehen (Mt 5,31-32). Nicht um *erlaubt* und *verboten* geht es, sondern um die dem Reich Gottes entsprechende *weit vollkommenere Gerechtigkeit* (Mt 5,20), die sich in einer unverbrüchlichen Treue zur Partnerin / zum Partner kundtut, wie sie von einem Gesetz gar nicht eingeholt werden kann. So auf alle Fälle versteht es auch die Zusammenfassung der Antithesen: »Seid vollkommen, wie euer himmlischer Vater vollkommen ist.« (Mt 5,48) Hinter dieser Vision werden wir immer um Meilen zurückstehen und dafür für einander auch Verständnis aufbringen müssen.

Hermann-Josef Venetz

STOLPERSTEIN 35
Haben Reiche eine Chance auf das Himmelreich?

Jesus sagte zu ihnen: »Meine Kinder, wie schwer ist es, in das Reich Gottes zu kommen! Eher geht ein Kamel durch ein Nadelöhr, als dass ein Reicher in das Reich Gottes gelangt.«
(Mk 10,24-25)

Reich und gut, gottgefällig und zufrieden sein, sich ein angenehmes Leben auf der Erde und einen Platz im Himmel sichern zu können, ist ein Traum. Wer vermögend ist, versteht es, Geld gewinnbringend arbeiten zu lassen und sieht den Erfolg. Aber wie wird ein Mensch gut, gottgefällig? Die Bibel lehrt, z. B. in den Zehn Geboten: durch Vermeidung von Regelbrüchen gegen das Leben und gegen Gott. Aber der daraus entstehende Erfolg ist schlecht messbar – und so bleibt ein eigentümlich unbefriedigtes Gefühl bestehen.

Genau dieses Dilemma erkennt Jesus. Er gewinnt den Fragenden lieb, durchschaut ihn, erkennt hinter der Frage seine Sehnsucht nach Fülle und Erfüllung wie auch seine Erfahrung des Ungenügens – und gibt ihm eine Aufgabe, die nicht nur Enthaltung vom Lebensfeindlichen, sondern ziel- und ressourcenorientierte Handlung verlangt. Jesus gibt genau das, wonach er gefragt wird: eine erfüllende Aufgabe. Aber die stimmt traurig, denn »er hatte viele Güter«. Der Mensch erkennt, dass Erfüllung ganzen Lebenseinsatz fordert – und dieser Preis ist zu hoch. Was bleibt anderes übrig, als enttäuscht wegzugehen?

Die Chancen stehen schlecht für alle, die etwas besitzen, das sie nicht gern hinter sich lassen. Ein Nadelöhr ist kein Stadttor, an dem einfach Zoll bezahlt werden kann. Den Platz im Himmel können wir uns nicht verdienen. Der Preis ist zu hoch, denn wir lieben, was uns reich macht – wir lieben dieses Leben und wollen es nicht aufgeben.

Und das ist ganz richtig so. Denn – den Platz im Himmel muss niemand sich selbst verdienen, weil Jesus Christus ihn längst für uns erworben hat (ob wir das begreifen, oder nicht): »Bei Gott sind alle Dinge möglich« (V. 27). Weil Jesus jede und jeden von uns »liebgewonnen hat«, ganz unverdienter Maßen. Dies allein kann unsere Leere füllen, und die Frage heißt nicht mehr: »Was muss ich tun, *damit* ... ?« sondern: »Was will ich tun, *weil* Gott mir den Platz im Himmel freihält?«.

Angela Wäffler-Boveland

Manche Texte in der Bibel bringen uns nicht nur zum Stolpern, sondern wecken Abscheu oder gar Angst. Berüchtigt dafür ist die Offenbarung des Johannes, die mit ihrer Schilderung des jüngsten Gerichts ganze Generationen von Christinnen und Christen das Fürchten lehrte. Schon Martin Luther hätte dieses Buch am liebsten aus der Bibel entfernt. Wie können solche Texte, die uns in gewaltigen Bildern Naturkatastrophen, Kriege und Vernichtung vor das innere Auge malen, Evangelium sein? Sollten wir sie nicht besser als Phantastereien eines Verrückten deuten, die mit der Botschaft Jesu gar nichts zu tun haben? Aber halt! Auch in den Evangelien treffen wir auf ganz ähnliche Vorstellungen und Bilder (etwa in Mk 13). Große Nöte, Kriege und Katastrophen werden hier aus Jesu Mund vorausgesagt. Der Text enthält aber auch Hinweise darauf, wie er wirken soll: Die Zuhörerinnen oder Leser wissen nun Bescheid über das, was kommt. Sie wissen aber auch, dass diese schlimmen Zeiten begrenzt sind und dazu dienen, das Böse auf der Erde zu eliminieren. Darum werden sie sich nicht irreführen lassen. Was sie erleben, bekommt einen tieferen Sinn, auch wenn es anders ausschaut. Im festen Glauben, schlussendlich dazuzugehören, wenn die Herrschaft Christi anbricht, sind sie bereit, in der Gegenwart einiges zu ertragen.

Wenn wir bedenken, dass solche apokalyptischen Texte und Bilder sich vorwiegend an Menschen aus unteren Schichten richteten, die aufgrund ihres Glaubens zeitweise schikaniert, zeitweise sogar bedroht waren, können wir sie als »Impfstoffe« gegen Resignation, mangelnde Solidarität, Leichtgläubigkeit oder Panik verstehen. Sie zeugen davon, dass der christliche Glaube unter unterschiedlichen Bedingungen gelebt wurde und wird und dass er darum durch unterschiedliche Ausdrucksformen genährt und gestärkt wird. Missbraucht eine mächtige Kirche diese Texte, um ihre eigenen Mitglieder einzuschüchtern, dient sie jedoch gewiss nicht dem christlichen Glauben! *Brigitte Schäfer*

> **STOLPERSTEIN 36**
> **Apokalyptische Bilder – eine sinnlose Angstmacherei?**
>
> Aber in jenen Tagen, nach der großen Not, wird sich die Sonne verfinstern, und der Mond wird nicht mehr scheinen; die Sterne werden vom Himmel fallen, und die Kräfte des Himmels werden erschüttert werden. Dann wird man den Menschensohn mit großer Macht und Herrlichkeit auf den Wolken kommen sehen.
> (Mk 13,24-26)

STOLPERSTEIN 37
Was ist mit den 99 gewöhnlichen Schafen?

Jesus erzählte ihnen ein Gleichnis: »Wenn einer von euch hundert Schafe hat und eins davon verliert, lässt er dann nicht die neunundneunzig in der Steppe zurück und geht dem Verlorenen nach, bis er es findet? Und wenn er es gefunden hat, nimmt er es auf die Schultern, und wenn er nach Hause kommt, ruft er seine Freunde und Nachbarn zusammen und sagt zu ihnen: Freut euch mit mir! Ich habe mein Schaf wiedergefunden, das verloren war. Ich sage euch: Ebenso wird im Himmel mehr Freude herrschen über einen einzigen Sünder, der umkehrt, als über neunundneunzig Gerechte, die es nicht nötig haben umzukehren.« (Lk 15,3-7)

Ich bin das 62. Schaf. Ich gehe dahin, wo die anderen hingehen. Wie soll ich auch anders? Der Leithammel weiß doch am besten, wo das gute Gras wächst. Außerdem laufe ich sowieso immer mit dem 61. und dem 63. Schaf. Wenn ich mit ihnen zusammen bin, fühle ich mich wohl. Wir wärmen und stupsen uns – wie gut, Freundinnen zu haben!
Natürlich denken wir alle auch mal daran, eigene Wege zu gehen. Aber dieser Wunsch ist nie so stark wie das Gebell des Hirtenhundes. Nummer 88 hat er sogar schon gebissen. Vor allem als Mutter will man so etwas ja nicht riskieren. Dann kommen die Kleinen vielleicht mit und werden verletzt. Und ich wäre schuld daran. Heute habe ich meine Jüngste noch gar nicht gesehen. Wo sie wohl steckt? Sie ist immer die Letzte, die 100. Entschuldigung, ich kann jetzt nicht mehr weiter plaudern, 61 ruft mich ganz aufgeregt. Was ist? Meine liebe, kleine 100 ist verschwunden? 2 habe gesagt, sie sei ausgerissen, sie hätte es ja immer gewusst, dass 100 eine ganz eigenwillige sei, schon wie sie aussieht mit ihrem schwarzen Fell. Ja, sie ging schon immer eigene Wege, aber das ist doch nichts Schlechtes, so lange die Herde zusammenbleibt. 2 habe gewusst, dass der Hirt sie suchen gegangen ist – und gelacht, nun werde 100 zur Strafe bestimmt gebraten, wenn der Hirt sie überhaupt findet! Warum erzählst du mir das, 61? Du machst mich ganz verrückt vor Angst und Zorn. Wenn ich mein 100 doch finden könnte, bevor etwas Schlimmes passiert! Dort kommt der Hirt mit einem schwarzen Schaf auf dem Arm! Lebt sie noch? Er trägt sie behutsam. Es sieht so aus, als würden sie miteinander sprechen. 100 ist zurück, aber so anders. Alle 99 merken es. 2 lacht, aber niemand lacht mit. Die Schafe gehen heute Nachmittag eigene Wege, aber der Hund bellt nicht. Wegen der wilden Tiere sammeln wir uns am Abend beim Hirtenfeuer. Alle? Nein, eines fehlt.

Regula Grünenfelder

Jesus erzählt ein sehr anstößiges Gleichnis: Ein Verwalter, dem die Entlassung droht, lässt alle kommen, die seinem Chef etwas schulden, und erlässt ihnen einen Teil der Schulden. Damit verbindet er ein raffiniertes Kalkül: Wenn er dann arbeitslos sei, würden sie sich revanchieren und ihn gastfreundlich aufnehmen. Der Kommentar zu dieser Geschichte lautet: »Und der Herr lobte die Klugheit des unehrlichen Verwalters.« (Lk 16,1-8)

In Zeiten, in denen manche Wirtschaftsführer sich als Leute erweisen, die ihre Firmen ausgeplündert und sich privat bereichert haben, in denen der Vorwurf von Filz und Korruption erhoben wird und in denen die Zahl der Arbeitslosen steigt, wirft die Geschichte erst recht Fragen auf. Lobt Jesus da einen Mann, der sich betrügerisch und unmoralisch verhält?

So überraschend das klingt: Die Antwort lautet JA! Aber dieses JA ist kein Bekenntnis zu einer Wirtschafts(un)moral, die dazu auffordert, sich möglichst raffiniert und zielstrebig selbst zu bereichern. Zu viele Texte, die von der Gerechtigkeit und vom Teilen handeln, stehen dem entgegen.

STOLPERSTEIN 38
Lobenswerter Betrug?

Und der Herr lobte die Klugheit des unehrlichen Verwalters.
(Lk 16,8)

Vielmehr steht diese Aufforderung zu einem entschiedenen und überraschenden Handeln, das gewohnte Bahnen verlässt und sich über gängige Normen hinwegsetzt, im Zeichen der Vision Jesu vom nahen Gottesreich: Wer Anteil an Gottes neuer Welt erlangen will, muss sich manchmal rücksichtslos über das Übliche hinwegsetzen. So gehört das Gleichnis zu einer Reihe von Texten, die Unmoralisches und Unmögliches fordern: Sich ein störendes Auge ausreißen, Feinde lieben, betteln statt arbeiten, die Toten ihre Toten begraben lassen, jenen, die den ganzen Tag geschuftet haben, gleich viel bezahlen wie jenen, die nur eine Stunde im Weinberg waren ... So wie Jesus nicht zu den Braven und Angepassten gehörte, verkündet auch seine Botschaft keine Religion der bürgerlichen Tugenden, sondern fordert den Mut, für Gottes neue Welt alles auf eine Karte zu setzen und manchmal gar den Boden des Anständigen und Legalen zu verlassen. Jesus ermutigt nicht zum Betrug, sondern zu entschlossenem und unkonventionellem Handeln. Diese provozierende Ermutigung haben die zu Harmlosigkeit, Unentschlossenheit und Anpassung neigenden Kirchen auch heute nötig.

Daniel Kosch

Die biblischen Wehrufe über die Reichen, Schmarotzer und Eingebildeten unserer Erde sind bekannt und sympathisch, weil wir ja nicht zu ihnen gehören: Wehe den Reichen, den Satten, den Lachenden, denen, die alle gut finden, ist im Lukasevangelium zu lesen (Lk 6,24-26). Es gibt ja immer noch Reichere, noch Sattere, noch Lustigere, noch Gefälligere. So können wir sagen: Endlich redet jemand Klartext. Das sind ja auch blöde Leute!

Im Lukasevangelium steht noch ein völlig anderer Wehruf: »Wehe den Schwangeren und den Stillenden!« (Lk 21,23). Zu denen gehören die meisten von uns auch nicht, und wenn, dann nur für eine kurze Zeit. Dieser Wehruf meint nun nicht die Mehrbesseren, sondern – im Gegenteil – die Langsamsten. Der Wehruf stand wahrscheinlich in einem alten Flugblatt über das Verhalten im Krieg. Diese kleine Schrift gelangte in die Evangelien, weil auch sie unter dem Schrecken eines Krieges verfasst wurden und auf den Krieg nicht nur theologische, sondern auch sehr praktische Antworten geben wollten: Flieht schnell! Blickt nicht zurück! Lasst alles liegen! Wehe den Schwangeren und Stillenden heißt in diesem Zusammenhang aber, dass auch diese Frauen mit ihren Kindern liegen gelassen werden sollen. Dieses Wehe spricht das Todesurteil über Frauen und Kinder, die nicht schnell genug sind. Und dieser Satz macht gleichzeitig jene Frauen, Männer und Kinder unsichtbar, die mit den Langsamen solidarisch sind. Er verschweigt die Menschen, die das »Wehe« nicht selbstverständlich finden, sondern nach dem Grundsatz zu leben versuchen: Wenn ihr flieht, vergesst die Langsamen nicht. Und solche Menschen, die sich von den Langsamsten aus dem Tritt und auf neue Ideen bringen lassen, gibt es nämlich. Von ihnen müssen wir lernen, solche brauchen wir – viele, überall, damit wir der Bibel an dieser Stelle energisch widersprechen können.

Regula Grünenfelder

STOLPERSTEIN 39
Was sollen die Weherufe über Schwangere und Stillende?

Weh aber den Schwangeren und den Stillenden in jenen Tagen! Denn es wird große Not auf Erden sein und Zorn über dies Volk kommen, und sie werden fallen durch die Schärfe des Schwertes und gefangen weggeführt unter alle Völker .
(Lk 21,23-24)

In der Bibel stehen Furcht erregende Sätze. Einer davon lautet: »Der Menschensohn muss zwar seinen Weg gehen, der ihm bestimmt ist; aber weh dem Menschen, durch den er verraten wird!« (Lk 22,22)
An den Weg Jesu knüpft sich die Erinnerung an einen Menschen, über den die Evangelien das Schlimmste sagen: »Für ihn wäre es besser, wenn er nie geboren wäre.« (Mk 14,21)
Was für ein Urteil über Judas! Wieso muss auf dem Heilsweg Jesu ein Mensch auf der Strecke bleiben? Wäre Gott gütig und gerecht, hätte er Judas nicht ins Messer laufen lassen! Und wenn Judas so böse war – hätte ihn Gott nicht vor sich selber schützen können? Das hätte uns Christinnen und Christen ein Problem erspart. Nun wissen alle, die von der Erlösungsbotschaft Jesu hören, dass es auch Verlierer gibt, Menschen, die gar nicht gerettet werden können. Ist das eine gute Nachricht? Nein, nicht einmal für die guten Menschen, die fest mit ihren Platz im Himmel rechnen. Auch sie möchten doch von einem gerechten und liebenden Gott begleitet und später willkommen geheißen werden. So geht es nun wirklich nicht: Vorherbestimmt und dann bestraft – dieses Urteil verstößt einfach gegen die Menschlichkeit!
Ich kenne alle die Verteidigungen, die im Namen Gottes vorgebracht werden. Ich mag sie gar nicht hören. Es ist und bleibt ein Ärgernis. Die Geschichte mit Judas erschüttert meinen Glauben. Sie zerreißt das Bild eines lieben Gottes, macht es zu einem Götzenbild. Theologen dürfen diesen Skandal nicht wegerklären und weglügen. Gott muss Auskunft geben über das Unrecht, das Menschen anderen Menschen antun und das Gott offensichtlich toleriert: die Not in der Welt, Hunger, Krieg, Verrat, über Leben, das sich im reinen Überleben erschöpft. Das sind nicht einfach traurige Selbstverständlichkeiten am Rande unseres geschäftigen Alltags. Vielleicht ist die Frage nach Judas, der Zorn über zerbrochenes Leben der einzige Gottesbeweis.

Regula Grünenfelder

> STOLPERSTEIN 40
> **Warum lässt Jesus Judas ins Messer laufen?**
>
> Der Menschensohn muss zwar seinen Weg gehen, der ihm bestimmt ist; aber weh dem Menschen, durch den er verraten wird!
> (Lk 22,22)

STOLPERSTEIN 41
Was passiert mit dem Schächer, der nicht bereut?

Amen, ich sage dir: heute noch wirst du mit mir im Paradies sein
(Lukas 23,43)

Es muss ein furchtbares »Schauspiel« (Lk 23,48) gewesen sein, was sich vor dem Paschafest des Jahres 30 n. Chr. im alten Steinbruch Golgota vor den Stadtmauern Jerusalems abgespielt hat. Die römische Besatzungsmacht richtete den Unruhestifter Jesus von Nazaret hin, zusammen mit (mindestens) zwei anderen »Verbrechern« (Lk 23,32). Die von Markus übernommene Inszenierung des Lukas lässt Jesus in der Mitte zwischen zwei anderen gekreuzigt werden. Diese beiden, eigentlich ja Leidensgenossen Jesu, nehmen nun sehr unterschiedlich Stellung zum Geschehen. Der eine übernimmt die spottenden Sprüche der johlenden Menge: »Bist du nicht der Messias? Dann hilf dir selbst und auch uns!« Der andere weist ihn scharf zurecht dafür. Für ihn ist Jesus ein unschuldig leidender Gerechter. An ihm will er sich aufrichten. Und Jesus verheißt ihm das Paradies.

Nun liegt ja die Frage nahe, was mit dem anderen, dem Spötter geschieht. Wenn der eine ins Paradies kommt, kommt der andere dann in die Hölle? So haben sicher schon viele gedacht. Und ich glaube, dass solche Überlegungen durchaus nahe liegend sind: Was Lukas hier fast wie das »Schauspiel der Menschheit« beschreibt, verdichtet in einer ganz kleinen Szene auf Golgota, ist ein riesiger Skandal. Da liegen drei Menschen im Sterben. Alle drei erleiden dasselbe Schicksal. Und angesichts des unmittelbar bevorstehenden Todes meint einer immer noch, etwas Besseres zu sein und sich spottend über den anderen erheben zu müssen. Anstatt sich selbst und die mit ihm Leidenden ernst zu nehmen, anstatt die Nähe der Leidensgenossen zu suchen, geht er in spottende Distanz. Nicht nur, weil es hier um Jesus geht, ist das ein Skandal: Der Spötter nimmt seine Mitmenschen nicht ernst und sich selbst wohl auch nicht. Wirklich nichts ist ihm heilig, nicht einmal das zu Ende gehende Leben. Solche Menschen aber bereiten sich und anderen die Hölle. Wie soll man das anders sagen?

Das hat im übrigen nichts damit zu tun, dass es Gottes Angelegenheit ist, wie (und ob) er für solche Menschen nach ihrem Tod sorgt. Darüber können wir nur spekulieren – und für uns selbst hoffen, dass Gottes Gerechtigkeit eine andere ist als unsere menschliche. *Dieter Bauer*

Bekanntlich sind es nach den Erzählungen aller vier Evangelien die Frauen, Jüngerinnen Jesu, die am Ostermorgen als erste zum Grab Jesu kommen, es leer finden und von einem oder zwei Engeln die Auferstehungsbotschaft hören: »Er wurde auferweckt – er ist nicht hier!« (Mk 16,6 par). Nach dem Markusevangelium fliehen die Frauen völlig aufgerüttelt, in Furcht und »Ekstase«, vom Grab und erzählen niemandem etwas (Mk 16,8), sodass es den Leserinnen und Hörern überlassen bleibt, wie sie sich zu der erschreckenden Botschaft der Engel stellen wollen. Schon Matthäus hat diesen abrupten – und beunruhigenden – Schluss des Evangeliums offenbar nicht so stehen lassen wollen. Nach seiner Darstellung begegnen die Frauen auf dem Heimweg dem Auferstandenen persönlich, der ihnen die Worte der Engel wiederholt (Mt 28,9-10). Und nach dem Lukasevangelium eilen die Frauen vom Grab zurück zu den Elf und den anderen – und stoßen auf bares Unverständnis: Man glaubt ihnen nicht, ihre Worte werden als Geschwätz abgetan (Lk 24,11).

STOLPERSTEIN 42

»Worte wie leeres Geschwätz ...« Und die Frauen kehrten vom Grab zurück und verkündeten das alles den Elf und allen übrigen. Sie sagten den Aposteln dies und diesen erschienen diese Worte wie leeres Geschwätz und sie glaubten ihnen nicht. (Lk 24,9-11)

Merkwürdigerweise hat die Auslegungsgeschichte dieses »Geschwätz« viel stärker den Frauen angelastet als den Aposteln. »Weibergeschwätz« – das schien gut geeignet, um die Bedeutung der Frauen als Verkünderinnen der Auferstehungsbotschaft zu schmälern und sie als Jüngerinnen Jesu unsichtbar zu machen. Doch steckt in der Erzählweise des Lukasevangeliums eine herbe Kritik am Unglauben der Apostel. Nach Lukas ist es noch ein rechter Prozess, bis diese zum Osterglauben kommen: Petrus muss zum Grab eilen, zwei Jünger begegnen dem Auferstandenen auf dem Weg nach Emmaus, es braucht eine Erscheinung in Jerusalem und eine Menge Belehrungen durch den Auferstandenen, bis sie zu verstehen beginnen. Das sei ihnen nicht verübelt. Doch die Frauen erinnerten sich schon am Grab aufgrund der Botschaft der Engel an die Worte Jesu. Ihre Erinnerung an Jesus stellt die Verbindung zwischen der Zeit vor und der Zeit nach Jesu Tod dar. Sie zeigt: Was vor seinem Tod Sinn gemacht hat, macht auch nach seinem Tod noch Sinn. Das ist der Anfang einer Auferstehung aus Trauer und Sinnlosigkeit im Leben der Jüngerinnen und Jünger.

Sabine Bieberstein

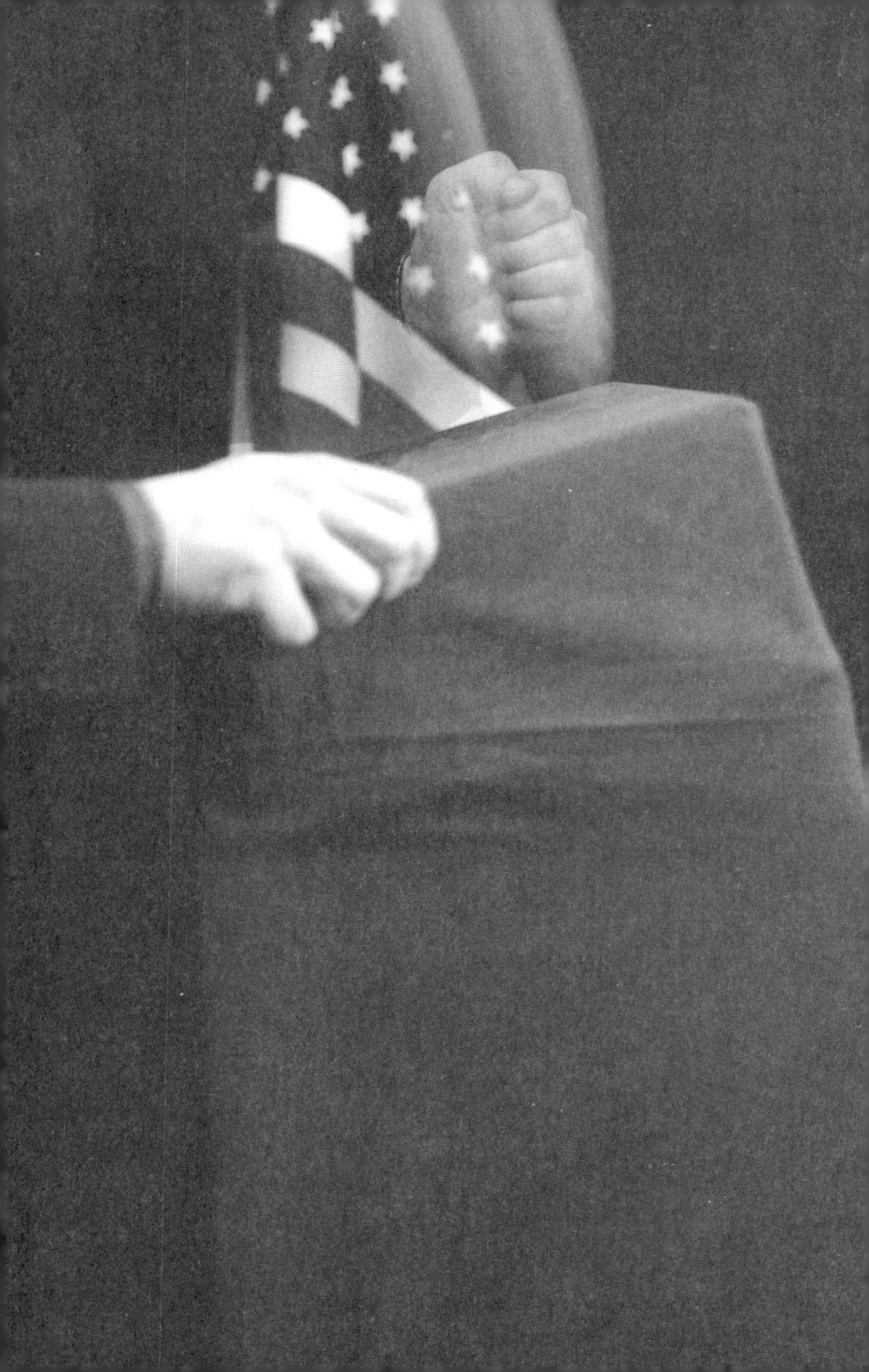

STOLPERSTEIN 43
Absolutheitsanspruch des Christentums?

Jesus sagte zu Thomas: »Ich bin der Weg und die Wahrheit und das Leben; niemand kommt zum Vater außer durch mich.«
(Joh 14,6)

Lieber Johannes!

Da widerspreche ich Dir! Ich weiss, das gilt für Dich: niemand kommt zu Gott außer durch Jesus Christus. Du und Deine Zeitgenossen hatten diese überwältigende Erfahrung mit dem Auferstandenen: Er zeigte sich Euch als Weg, als Wahrheit und als Leben. Und das gilt auch für mich, ein Kind des 21. Jahrhunderts, als Christin geboren und immer wieder von den Geschichten des Jesus von Nazaret genährt. Der christliche Weg ist auch mein Weg.

Aber wir können uns nicht zum Maßstab machen für die ganze Welt. Und diese Welt hat inzwischen eine lange Geschichte von Menschenverachtung und Krieg – auch und gerade im Namen des Vatergottes. Ich schreibe diese Zeilen in einer Zeit, in der mit modernsten Waffen grausame Kriege geführt werden angeblich im Namen Gottes, auch im Namen unseres Gottes, in Wirklichkeit wohl eher im Dienste des Mammon, des Geld-Gottes. Das ist Missbrauch! Es ist wohl immer Missbrauch, wenn wir etwas absolut setzen, sei es einen Mensch, eine Wahrheit oder eine Religion. Der Absolutheitsanspruch der Religionen hat viel Unglück über unsere Welt gebracht. Wer sich oder das Seine absolut setzt, übt Macht aus über die, die anders sind. Absolut heißt losgelöst von unserer Zeit und ihren Umständen, und das sind wir nie. Gilt das auch für Gott? Ja, für unser Verständnis von Gott – und nur davon wissen wir heute und Ihr damals. Unser Gott ist doch ein relativer Gott, einer, der eine Beziehung eingegangen ist zu einem bestimmten Volk und zu einem bestimmten Menschen.

Ich schlage Dir vor, dass wir umgekehrt fragen: Wenn Du Jesus den Weg, die Wahrheit und das Leben nennst, dann lass uns doch hinschauen, wie in anderen Traditionen der Weg aussieht, der wie der Weg Jesu zu erfülltem Leben führt, wo eine Wahrheit gelebt wird, die Liebe meint und wo ein Leben im Blick ist, das Frieden und Gerechtigkeit für alle will. Ach, Johannes, es gibt in unserer Zeit so viel zu entdecken von der Weisheit anderer. Und was brauchen wir jetzt mehr als das leidenschaftliche Suchen nach Wegen des Friedens.

In herzlicher Verbundenheit grüßt Dich Deine *Angela Römer*

Nach allen vier Evangelien hat der Vorwurf der »Gotteslästerung« bzw. der Anspruch Jesu, Sohn Gottes zu sein, zu seiner Verurteilung geführt. In den Augen der Hohepriester und ihrer Anhänger ist das ein Vergehen gegen das Glaubensbekenntnis Israels: »Höre, Israel, der HERR ist unser Gott, der HERR allein.« (Dtn 6,4) Auch die urchristlichen Gemeinden, sind mit solchen Vorwürfen konfrontiert. Ihre Verkündigung von Jesus Christus als dem »Sohn Gottes« muss von den Angehörigen der jüdischen Synagoge so verstanden werden, als würden sie die Einzigartigkeit Gottes verleugnen. Und solange die junge christliche Gemeinde noch um die Anerkennung kämpft, hat sie auch seitens des Judentums Verfolgungen erleiden müssen.

> STOLPERSTEIN 44
> **Ist das Gesetz unerbittlich?**
> Wir haben ein Gesetz und nach dem Gesetz muss er sterben, denn er hat sich selbst zu Gottes Sohn gemacht. (Joh 19,7)

Die Hohepriester der Passionserzählungen und ihre Anhänger legen das Gesetz unerbittlich aus, so könnte man meinen. Im Verlaufe der Welt- und Kirchengeschichte allerdings war der christliche Vorwurf den Juden gegenüber, sie hätten Jesus ans Kreuz gebracht, für die Angehörigen des jüdischen Volkes tödlich – bis hin zum Versuch der totalen Vernichtung in den Todeslagern Nazideutschlands.

Eine genauere Betrachtung des »Gesetzes«, nach dem Jesus angeblich sterben musste, zeigt allerdings, dass man sich *nicht* darauf berufen kann. In Levitikus 24,10-16 geht es ausdrücklich um den Namen Gottes. Wer diesen missbraucht und sich selbst oder anderes an seine Stelle setzt, ist danach des Todes. Umgekehrt sind alle, die sich an Gott halten und sein Gesetz befolgen, Kinder Gottes. Man könnte also auch sagen: Wenn die johanneische Gemeinde Jesus als »Sohn Gottes« kennzeichnet, sieht sie ihn in dieser Tradition der »Kindschaft Gottes«. Gotteslästerung kann also zur Rechtfertigung einer Verurteilung von Jesus nicht herangezogen werden. Vielmehr ist es so, dass die Gegner Jesu dieses Gesetz für die eigenen politischen Interessen missbrauchen – etwas, was ja auch bei den Machthabern unserer Zeit vorkommt. Nicht die Gebote Gottes also sind unerbittlich – sie sind immer, und das betont auch Jesus, zum Wohl und zum Schutz des Menschen gedacht. Machtgierige Menschen sind es, die unerbittlich sich selbst und ihre Interessen in den Vordergrund stellen. Was von den ersten Christen der johanneischen Gemeinden an Verfolgung erlebt worden ist, kann also nicht auf den Glauben eines Volkes übertragen werden, sondern ist im Alltag des politischen Macht- und Überlebenskampfes begründet. *Urs Joerg*

Mit dem Wort, das in der Einheitsübersetzung mit »Abglanz« wiedergegeben ist (1 Kor 11,7) verwendet Paulus eine Vokabel, die in der Bibel meist mit »Herrlichkeit« übersetzt wird, deren Grundbedeutung aber »Ruhm«, »(guter) Ruf«, »Pracht« oder »Glanz« heißt. Das entspricht der traditionsbedingten Vorstellung des Paulus: Im Glanz eines christlichen Mannes wird Gott erkennbar, im Ruf einer christlichen Frau wird der Mann erkennbar: Ihr Auftritt sorgt für seine Pracht, sein Auftritt sorgt für die Ehre, die Gott gebührt (Gen 2,18). Darin liegt eine enorme Macht der Frauen!

> **STOLPERSTEIN 45**
> **Ist die Frau Abglanz des Mannes?**
> Ihr soll wissen, dass Christus das Haupt des Mannes ist, der Mann das Haupt der Frau und Gott das Haupt Christi. Der Mann darf sein Haupt nicht verhüllen, weil er Abbild und Abglanz Gottes ist; die Frau aber ist der Abglanz des Mannes. (1 Kor 11,3.7)

Das wird Paulus beim Schreiben bewusst, so schreibt er wenig später (V. 10): »Deshalb muss die Frau Vollmacht über das Haupt haben von den Engeln her.« Dies ist so ausgelegt worden, als ginge es um die Macht des Mannes über die Frau, aber genau genommen ist es umgekehrt. Paulus zeigt, dass Christinnen und Christen sich an die traditionellen Anstandsregeln zu halten haben, um die Ehre von Christus nicht zu desavouieren (V. 13) – aber nun macht Paulus eine neue Entdeckung: Wenn die Frau so viel Macht über das Haupt (nämlich zunächst den Mann und dann auch Christus, vgl. V. 3) hat, dann muss sie diese Macht, diese Vollmacht, konsequenter Weise auch ausdrücken, die sie »von den Engeln her« hat, nicht nur aus menschlich-männlicher Perspektive, nicht nur als Ausdruck der Loyalität, sondern ganz existenziell: Frauen haben Vollmacht über das Haupt, und damit sind sie beauftragt, diese Vollmacht auch zu kultivieren, denn in Christus, so fährt Paulus fort, ist »weder eine Frau ohne Mitwirkung des Mannes, noch ein Mann ohne Mitwirkung der Frau« (V. 11, vgl. Gal 3,28). Das billigt Männern wie Frauen dieselbe Würde vor Gott und im Umgang miteinander zu.

Wie anders klingt dieser Text, wenn wir ihn unbelastet von traditionalistischen Gewohnheiten lesen und mit Paulus gemeinsam eine Entwicklung machen: Frauen haben Macht, von Gott gegeben, und die soll auch zum Ausdruck kommen. Leben wir so, dass der Ruhm Gottes damit ausgedrückt wird?

Angela Wäffler-Boveland

STOLPERSTEIN 46
Sollen die Frauen im Gottesdienst schweigen?

Wie es in allen Gemeinden der Heiligen üblich ist, sollen die Frauen in der Versammlung schweigen; es ist ihnen nicht gestattet zu reden. Sie sollen sich unterordnen, wie auch das Gesetz es fordert. Wenn sie etwas wissen wollen, dann sollen sie zu Hause ihre Männer fragen; denn es gehört sich nicht für eine Frau, vor der Gemeinde zu reden.
(1 Kor 14,33b-35)

Häufig musste ich einzelne Konfirmandinnen oder Konfirmanden im Gottesdienst zum Schweigen bringen. Einmal wisperte ein Fünfzehnjähriger daraufhin zurück: »Aber die Alte da darf ihr Hustenbonbon auspacken, und Sie sagen nicht, dass das stört!« Wie recht er hatte! Gern hätte ich – mit ein wenig mehr Mut – Predigt oder Gebet unterbrochen und das kleine Einmaleins des Gottesdienstbesuches gelehrt!

Genau das tut Paulus hier. Offenbar herrschen in Korinth chaotische Zustände. Da fällt einer der anderen ins Wort, da findet ein Wettkampf der Geistesgaben statt, durcheinander wird in Zungen geredet, gepredigt, gebetet, gelehrt, prophetisch geredet, sodass kein Wort mehr zu verstehen ist – und dazwischen suchen Frauen sich zu orientieren. Bisher hatten sie keinen Zugang zum Gottesdienst. Alles ist ihnen fremd und neu, sie brauchen Erklärungen, Deutungen, Auslegungen. Sie tuscheln und tauschen ihre Kenntnisse aus. Paulus erkennt die Zusammenhänge (V. 39), mahnt aber: »Doch alles soll in Anstand und Ordnung geschehen.« (V. 40) Dreimal fordert Paulus zum Schweigen auf: Wer für die Zungenrede keine Übersetzung findet, schweige (V. 28), wessen Offenbarung durch eine andere unterbrochen wird, schweige (V. 30), und wer fragt, möge jene fragen, die die entsprechende Erfahrung haben (V. 35).

Es gibt wissenschaftliche Gründe dafür, die Verse 34-35 als nachpaulinischen Einschub zu beurteilen. Mag sein, dass eine spätere Hand diese Sätze ergänzt hat. Ebenso gute Gründe sprechen für ihre Originalität. Sie sind nur viel zu lange missverstanden und gegen das öffentliche Auftreten von Frauen missbraucht worden – z. B. durch die Übersetzung »*vor* der Gemeinde« statt wörtlich »*in* der Versammlung«. Das macht sie anstößig.

Aber ebenso wenig, wie Paulus Zungen- und prophetische Rede unterbindet, will er die Geistesgaben und die *öffentliche* Mitwirkung der Frauen unterdrücken: Es geht um die Ordnung des Gottesdienstes, die Gottes Wort zu Gehör und alle – die Frauen nicht anders als die Männer – zu Wort kommen lässt.

Angela Wäffler-Boveland

STOLPERSTEIN 47
Haben die Juden Jesus und die Propheten getötet?

Diese [= die Juden] haben sogar Jesus, den Herrn, und die Propheten getötet; auch uns haben sie verfolgt. Sie missfallen Gott und sind Feinde aller Menschen.
(1 Thess 2,15)

Die Bibel ist hinreichend deutlich. Der Jude Jesus ist nicht im luftleeren, ideologiefreien Raum, sondern im Kontext jüdischer Kontroversen vom Leben zum Tod gebracht worden. Die Kreuzigung hat ihren konkreten Ort, und sie bleibt durch alle nachösterliche Verklärung hindurch eine Ungeheuerlichkeit, die sich einreiht in die vereinigten Schandtaten aller Zeiten, Orte und Nationen.

Das konkrete Verbrechen der Kreuzigung damals wird aber überschattet durch den christlichen Versuch und Erfolg, den Mord von damals zur ewigen Erbschuld eines Volkes zu erheben. Christlicher Antisemitismus hat seinen Ausgangspunkt beim groß angelegten Versuch, dem jüdischen Volk die Verheißungen des Ersten Testaments zu entreißen und diese unter Verdammung der Älteren auf die Jüngeren zu übertragen. Die These von *den* Juden als Gottesmördern ist Gemeingut der christlichen Geschichte geworden; der nachtschwarze Bogen entsprechender Aussagen reicht von den Anfängen über Titanen wie Gregor von Nyssa oder Martin Luther bis hin zu Dietrich Bonhoeffer. Sie ist Teil eines Antisemitismus, der eine Entwicklung von konkreter Feindschaft bis zu Fremdenfeindlichkeit und Rassismus durchläuft – um die Juden (auch als Gottesmörder) abzuqualifizieren, bedarf es (wie bequem!) gar keiner Juden mehr.

Schier unerträglich ist die Spannung zwischen der Eingangsfrage und meinem Fragment einer Umschau. Gewiss waren Juden mitschuldig am Tod des Juden Jesus. Ebenso gewiss sind aus dieser historischen Konstellation christlicherseits Konsequenzen gezogen worden, die eine einmalige Kette von Fehlschlüssen und Untaten ausgelöst haben. Vielleicht hilft das abschließende Gedankenspiel weiter: Sobald Ihr Orthodoxen den Tod des Syrers Ibrahim im Jahr 913, Ihr Katholiken den Tod des Indios Miroao im Jahr 1496, Ihr Evangelischen den Tod des Bauern Bertold von 1525 und Ihr Reformierten den Tod der Hexe Rosalia im Jahr 1704 als kollektive und ungesühnte Erbschuld anerkannt habt, reden wir mit den Juden über ihre Schuld am Tod des Jesus von Nazaret – und kehren dann zurück zur von uns erschlagenen Rhea, zum von uns verbrannten Melchior, zum von uns aufgespießten René, zur von uns erstochenen ...
Marc van Wijnkoop Lüthi

STOLPERSTEIN 48

Sollen sich Christinnen und Christen den »Herrschern und Machthabern« unterordnen?

Erinnere sie daran, sich den Herrschern und Machthabern unterzuordnen und ihnen zu gehorchen.
(Tit 3,1)

Diese Ermahnung aus dem Titusbrief bringt mich zum Stolpern, weil sie allem widerspricht, was ich von Jesus weiß: Er ist doch mit der Bewegung, die er in Galiläa ausgelöst hat, genau mit diesen Machthabern des Römischen Reiches in Konflikt geraten und wurde von ihnen sogar ermordet. Als der Titusbrief gegen Ende des ersten Jahrhunderts n. Chr. geschrieben wurde, waren die Machthaber immer noch dieselben. Der Erdkreis wurde immer noch von Rom beherrscht, und nach wie vor lebten Menschen gefährlich, die die römische Ordnung (Schlagwort: »Frieden und Sicherheit«) störten. Dennoch lesen wir hier die Aufforderung, sich diesen Machthabern unterzuordnen – und dies ausgerechnet im Namen Jesu, wie der vorhergehende Abschnitt zeigt (Tit 2,11-15).

Ich kann versuchen, die Stelle einzuordnen: Als der Titusbrief geschrieben wurde, war es für die christlichen Gemeinden wichtig, einen Platz in der römischen Gesellschaft zu finden. Als Minderheit mussten sie sehen, wie sie überleben konnten; denn wegen ihres Glaubens nahmen sie an vielen gesellschaftlichen Verpflichtungen wie z. B. den Opferfeiern nicht teil und hatten deshalb eine gefährdete Außenseiterrolle inne.

Und doch bin ich mit dieser Erklärung nicht zufrieden. Passen sich hier Christinnen und Christen nicht allzu nahtlos in eine gesellschaftliche Ordnung ein? Wo ist die kritische Stimme der Jesusbewegung geblieben? Wo die Parteinahme für diejenigen, die den Machthabern zum Opfer fallen?

Eine Hoffnung bleibt mir: Die Mahnung im Titusbrief ist nur verständlich, wenn es in den angesprochenen Gemeinden Männer und Frauen gab, die sich für die vielen Opfer der römischen Politik von »Frieden und Sicherheit« engagierten und ihre Stimme dort erhoben, wo Unrecht geschah. Solche Christinnen und Christen erinnern mich daran, dass die Frage nach dem guten Zusammenleben von Anfang an strittig war. Sie machen mir für heute Mut, mich an diese andere Tradition zu erinnern, wenn Menschen bedroht sind oder Gerechtigkeit mit Füßen getreten wird.

Sabine Bieberstein

STOLPERSTEIN 49
Wie kann Leiden eine Gnade Gottes sein?

Wenn ihr aber recht handelt und trotzdem Leiden erduldet, das ist eine Gnade in den Augen Gottes.
(1 Petr 2.20)

Leiden zu erdulden soll eine Gnade vor Gott sein? Der Satz hat mich schon immer erschreckt; denn er ist an Sklavinnen und Sklaven gerichtet, welche die Launen und die Gewalt ihrer Herren erdulden sollen. Werden da nicht Machtlose jeglicher Möglichkeiten beraubt, sich zu wehren? Wird da nicht Leiden glorifiziert und als christlich hingestellt, wo doch Widerstand gegen Ungerechtigkeit gefragt wäre?

Mein Stolpern über den Text zwingt mich, genauer hinzusehen. Das Zitat stammt aus dem Ersten Petrusbrief, einem Schreiben, das um die Wende vom 1. zum 2. Jahrhundert im Namen des Petrus an Gemeinden in ganz Kleinasien geschrieben wurde. Diese christlichen Gemeinden lebten als Minderheiten in den Städten Kleinasiens und fühlten sich, wie der Brief zu erkennen gibt, von ihren Mitmenschen wegen ihres Christseins ausgegrenzt, angefeindet und sogar bedroht. Da braucht es Ermutigung, um in dieser schwierigen Lage nicht zu zerbrechen.

Eine Strategie der Stärkung ist es, gegenüber der Abwertung durch die Umwelt die Erwählung durch Gott zu betonen (vgl. 1 Petr 2,4-10). Das gibt Mut und Selbstsicherheit. Zum Zweiten versuchen sie, dem eigenen Leiden Sinn abzugewinnen, indem sie auf das Leiden Jesu hinweisen: Mit seinem Leiden ist er ihnen in ihren Leiden ganz nah (vgl. 1 Petr 2,21-25). Eine dritte Strategie des Überlebens ist es, sich in die gegebenen gesellschaftlichen Strukturen einzupassen, um nicht Anstoß zu erregen (vgl. 1 Petr 2,13-17). Besonders betroffen davon sind die Schwächsten der Gemeinde: die Sklavinnen und Sklaven sowie die Frauen, die zum Stillhalten und zur Unterordnung aufgefordert werden (1 Petr 2,18-3,6). Ob diese selbst wohl das Überleben der Gemeinde mit denselben Mitteln »erkauft« hätten?

Die Aufforderung, Leiden zu erdulden, kann also als Versuch der christlichen Gemeinden damals verstanden werden, ihr Leiden zu bewältigen, auch in der Bedrängnis ihre Würde zu bewahren und als Christinnen und Christen in der damaligen Gesellschaft akzeptiert zu werden. Der Satz will nicht Leiden generell zum Selbstzweck erklären. Er darf auch nicht dazu missbraucht werden, der Gewalt, die Menschen angetan wird, ein frommes Mäntelchen umzuhängen und so Unrecht von Mächtigen gegenüber Ohnmächtigen zu rechtfertigen.

Sabine Bieberstein

In der Apokalypse, dem letzten Buch der Bibel, gibt es etliche Szenen, die den Vergleich mit den Drehbüchern heutiger Katastrophen-Filme nicht scheuen müssen: Da steigen siebenköpfige Monster aus dem Meer, werden Städte in Schutt und Asche gelegt, fegt der Schwanz kosmischer Ungeheuer Sterne vom Himmel ... Das Wort »Apokalypse«, das eigentlich »Enthüllung« bedeutet, wird deshalb im heutigen Sprachgebrauch im Sinn von »Weltuntergang« verwendet. Mit der geläufigen Vorstellung von der Bibel als »Buch von der Liebe« ist all das schwer vereinbar. Erschreckend sind dagegen die Übereinstimmungen mit Bildern unserer Welt: Waffenarsenale mit unbegrenztem Zerstörungspotenzial, Verseuchung der Meere, die von giftigen Algen blutrot oder von ausgelaufenem Öl pechschwarz verfärbt sind, Terroranschläge, die das Nervenzentrum der westlichen Weltwirtschaft auslöschen ... Die Möglichkeiten der Zerstörung des Lebens haben seit der Zeit der Bibel in unvorstellbarem Ausmaß zugenommen. Aber schon damals waren es die Erfahrungen von Gewalt und Glanz der faszinierenden und bedrohlichen römischen Weltherrschaft und ihres Apparates, welche den prophetischen Visionär dazu brachte, seine Bilder eines endzeitlichen Kampfes zwischen Leben und Tod, Gott und gottfeindlichen Mächten aufzuschreiben. Die christlichen Gemeinden sollten sensibilisiert werden für den Ernst der Lage. Sie sollten ermutigt werden, sich für das Leben zu entscheiden und gegen den Tod, für die Solidarität der Schwachen und gegen den Vernichtungskrieg der Mächtigen gegen die Ohnmächtigen. Und sie sollten bestärkt werden in ihrer Hoffnung, dass der Gott Jesu Christi auf der Seite der Schwachen und Friedliebenden steht, auch wenn die römische Weltherrschaft für sich in Anspruch nahm, Gott auf ihrer Seite zu haben.

Die Bilder der Apokalypse sind gewaltig – aber ihre Absicht ist der Friede. Am Ende steht die Vision von einer Welt ohne Hunger, ohne Krieg, ohne Angst und ohne Tränen (Offb 21 – 22). Das ist gerade in unserer Zeit eine ebenso lebensnotwendige wie »gewaltige« Hoffnung – und eine Aufforderung, unserseits das Leben zu wählen! *Daniel Kosch*

> STOLPERSTEIN 50
> **»Krieg der Sterne« in der Bibel?**
> Da entbrannte im Himmel ein Kampf; Michael und seine Engel erhoben sich, um mit dem Drachen zu kämpfen. Der Drache und seine Engel kämpften, aber sie konnten sich nicht halten, und sie verloren ihren Platz im Himmel. Er wurde gestürzt, der große Drache, die alte Schlange, die Teufel oder Satan heißt und die ganze Welt verführt; der Drache wurde auf die Erde gestürzt, und mit ihm wurden seine Engel hinabgeworfen. (Offb 12,7-9)

STOLPERSTEIN 51
Jerusalem: himmlisch oder irdisch?

Ich sah die heilige Stadt, das neue Jerusalem, von Gott her aus dem Himmel herabkommen [...]. Seht, die Wohnung Gottes unter den Menschen! Er wird in ihrer Mitte wohnen, und sie werden sein Volk sein, und er, Gott, wird bei ihnen sein. Er wird alle Tränen von ihren Augen abwischen: Der Tod wird nicht mehr sein, keine Trauer, keine Klage, keine Mühsal. Denn das, was früher war, ist vergangen.
(Offb 21,2-4)

Jerusalem – Stadt der Hoffnungen und der Verzweiflung, der Sehnsucht und des Kampfes, der Zerstörung und der Erfüllung. Jerusalem ist umkämpft, bedroht, gefährdet – heute wie schon 70 n. Chr. und nochmals 600 Jahre vorher. Jedesmal wurde der Tempel, das Herzstück der Stadt, zerstört: Wo wohnt denn nun euer Gott?

Den Tempel gibt es längst nicht mehr, aber alle Erwartungen sind geblieben. Die Hauptstadt Israels ist noch immer mehr als ein Wohn- und Arbeitsort. Sie ist Ort der Verheißung, der Auferstehung und der Erfüllung. Wer hat ein Recht auf Tempelberg und Straßen, auf heilige Zeiten und Frieden?

Johannes, verbannt auf die Strafinsel Patmos, erwartet nicht, dass die Stadt wieder zu wirtschaftlicher Blüte kommen könne – aber an der Verheißung hält er fest und so malt er das Bild eines ganz anderen Jerusalems:

Aus Edelsteinen sei es gebaut, aus denselben zwölf, mit denen das Brustschild des Hohepriesters geschmückt war, um je an einen der 12 Stämme Israels zu erinnern (Ex 28). Dieselben Edelsteine finden sich auch im Paradies (Ez 28). Dieses Jerusalem wird prunkvoll, märchenhaft sein, so himmlisch, wie es nur Gott zusteht. Das ist keine Stadt, für die Städteplaner, Architektinnen und Tiefbauzeichner engagiert werden. Keine Stadt mit Slums und Abfall, Kläranlagen, Spitälern und Friedhöfen. Dafür aber eine Stadt, in der die Tugenden herrschen, für die jeder einzelne Edelstein steht: Jaspis, so heißt es zum Beispiel, rufe die Kräfte der Lebendigkeit (und nicht der Zerstörung) in uns wach und heiße darum auch Jesus-Stein, der Sardonyx stärke die Freundschaft, Aquamarin verhelfe zu Klarsicht, der Topas fördere Freiheit und Weisheit. Perlen aber, als Tore zum neuen Jerusalem, sammeln persönliche Leistungsfähigkeit und Einsatz.

Mit den je eigenen Gaben könnten auch wir beginnen, an dieser Stadt zu bauen – das ist vielleicht das einzige, was auch dem irdischen Jerusalem zu Frieden verhelfen kann!   *Angela Wäffler-Boveland*

STOLPERSTEIN 52

Lies nicht so, sondern ...

Lies doch in der Bibel! Da steht ...« ist ein beliebtes Argument, wenn einer Person die Argumente ausgehen. Und dieses Argument sitzt, denn die Bibel ist Wort Gottes. Da braucht es keine Begründung mehr. Es wäre geradezu vermessen, sollte die Offenbarung Gottes verändert und sein Wort unserem Geschmack angepasst werden. Wenn dem aber so ist, warum lassen sich dann so wenig Leute davon überzeugen? Als Wort Gottes müsste es doch unmittelbar mindestens alle diejenigen, die an ihn glauben, in der gleichen Weise ansprechen. Das aber ist nicht der Fall.

Warum nicht? Ein Grund könnte sein, dass der Griff nach dem nackten Buchstaben, nach dem, was geschrieben ist, keineswegs unproblematisch ist. Denn wer in einem Gespräch so direkt auf die Bibel zurückgreift, tut dies, um damit seine Meinung zu begründen. Die Bibel wird zur Zeugin und Garantin für die Richtigkeit der eigenen Ansicht gemacht. Müsste es aber nicht gerade umgekehrt sein: Ich, der ich hier und jetzt lebe, lege Zeugnis für das in der Bibel geoffenbarte Wort Gottes ab?

Im Judentum kennen die Gelehrten für das Lesen der Bibel eine Formel, die lautet: »Lies nicht das, was dasteht, sondern etwas ganz anderes!« Was ist damit gemeint? In einem Kommentar zu den beiden Schrifttafeln, die Mose von Gott auf dem Berge Sinai erhält, wird erklärt, dass die Worte der Tora eingemeißelt seien in Stein. »Lies nicht: ›*Eingemeißelt* in Stein stehen dort die Worte der Tora‹, sondern: ›*Freiheit* bedeuten die Worte der Tora.‹« »*Freiheit*« statt »*eingemeißelt*« zu lesen ist möglich, weil im Hebräischen beide Worte aus denselben Konsonanten bestehen. Sie unterscheiden sich einzig durch die Vokale; diese werden aber nicht geschrieben. Die Konsequenz ist nicht, dass »*eingemeißelt*« falsch wäre. Vielmehr: Wir bleiben dem eingemeißelten Wort treu, indem wir uns vom Buchstaben nicht knechten lassen, sondern durch das Wort Gottes frei werden. Wir bezeugen diese Freiheit, wenn wir durch unsere Art zu leben die Freiheit anderer ermöglichen.

Hanspeter Ernst

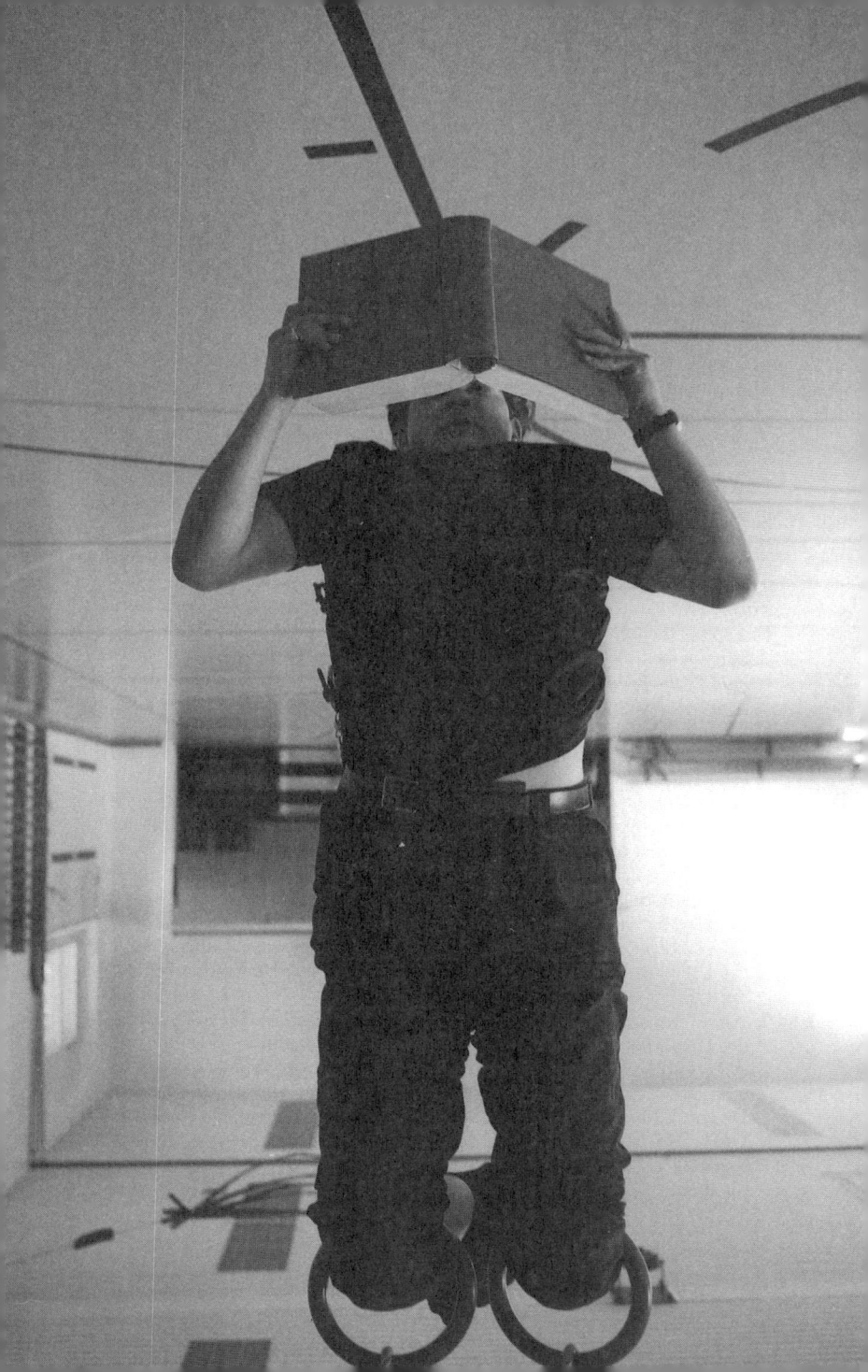

Herausgeber und Herausgeberinnen
Dieter Bauer, geb. 1956, ist Leiter der Bibelpastoralen Arbeitsstelle des Schweizerischen Katholischen Bibelwerks in Zürich. Er ist langjähriger Redakteur der Zeitschriften »Bibel heute« und »Bibel und Kirche«.
Sabine Bieberstein, geb. 1962, Dr. theol., Neutestamentlerin, Projektleiterin des Schweizerischen Katholischen Bibelwerks für das Jahr der Bibel 2003. Sie lebt in Bamberg.
Angelika Boesch, geb. 1946, war bis 1994 Buchhändlerin und Bibliothekarin und ist seit 1994 Redakteurin der katholischen Wochenzeitung »pfarrblatt« in Bern.

Fotograf
Mathias Walther, geb. 1979, Ausbildung zum Primarlehrer, danach berufbegleitendes Studium der Fotografie an der GAF, lebt in Luzern, Schweiz.

Autorinnen und Autoren
Ulrike Bechmann, Dr. theol. (AT) und M.A. (Islamwissenschaften), Wissenschaftliche Assistentin an der Kulturwissenschaftlichen Fakultät der Universität Bayreuth.
Klaus Bieberstein, Dr. theol., ist Professor für Alttestamentliche Wissenschaften an der Universität Bamberg.
Michel Bollag, lic.phil., ist Jüdischer Leiter des Zürcher Lehrhauses.
Hanspeter Ernst, Dr. theol., Judaist und Alttestamentler, ist Leiter des Zürcher Lehrhauses.
Regula Grünenfelder, Dr. theol., war mehrere Jahre Fachmitarbeiterin beim Schweizerischen Katholischen Bibelwerk und ist jetzt freischaffendfeministischbiblische Theologin und Familienfrau.
Urs Joerg, Pfarrer, Generalsekretär der Schweizerischen Bibelgesellschaft, Biel/Basel.
Daniel Kosch, Dr. theol., leitete 1992-2001 die Bibelpastorale Arbeitsstelle des Schweizerischen Katholischen Bibelwerks und ist Generalsekretär der Römisch-Katholischen Zentralkonferenz der Schweiz.
Viola Raheb ist christliche Palästinenserin aus Betlehem. Sie ist evangelische Theologin und lebt zur Zeit in Wien.
Angela Römer ist reformierte Theologin und lebt in Bern.
Brigitte Schäfer, Udligenswil, reformierte Theologin und Sozialwissenschaftlerin, Projektleiterin bei wtb. Deutschschweizer Projekte Erwachsenenbildung Zürich.
Thomas Staubli, Dr. theol., Leiter des Projektes BIBEL+ORIENT MUSEUM der Universität Freiburg/Schweiz und Familienmann.
Angela Wäffler-Boveland, Pfarrerin, Projektleitern der Evangelischen Theologiekurse, Zürich.
Marc van Wijnkoop Lüthi, Dr. theol., Kirchenhistoriker, reformierter Pfarrer in Ligerz, Schweiz.
Hermann-Josef Venetz, Dr. theol., ist emeritierter Professor für Neues Testament an der Universität Freiburg Schweiz.